Introducción al **Yoga**

Este libro está
dedicado a todos
los que aprenden.
Sin estudiantes,
¿qué sería de los
profesores?

Introducción al **Yoga**

NUEVO MÉTODO PARA COMPRENDER Y PRACTICAR EL YOGA PASO A PASO

MIRA MEHTA
y Krishna S. Arjunwadkar

Editor: Jesús Domingo
Coordinación: Paloma González
Asesora técnica: Paloma de la Peña
Traducción: Joaquín Tolsá

Publicado originalmente por Kyle Cathie Limited, UK, con el título: *Yoga Explained. A new step-by-step approach to understanding and practising Yoga.*

by Ediciones Tutor, S.A.
Marqués de Urquijo, 34. 28008 Madrid
Tel.: 91 559 98 32. Fax: 91 541 02 35
E-mail: info@edicionestutor.com
www.edicionestutor.com

Diseño gráfico: Heidi Baker
Copyright fotografía © Guy Hearn 2004
Interior de cubierta y págs. 7, 17, 28, 33, 48, 51, 66, 71, 82, 85, 98, 101, 112, 117, 129, 133, 146, 149, 164, 169, 182, 187, 203, 207 y 218: Bhandarkar Oriental Research Institute, Puna, India.
Pág. 9: The Ashmolean Museum, Oxford, UK
ISBN: 84-7902-517-4

Otros libros de Mira Mehta:
Yoga: El método Iyengar (en colaboración con Silva y Shyam Mehta)
El Yoga y la Salud

Agradecimientos

Los autores desean mostrar su agradecimiento a las siguientes personas:
Prashant S. Iyengar, por sus ánimos;
Shyam Mehta, por comprobar los programas de posturas;
Paul Heyda, por discutir problemas y soluciones;
John Harrison, Paul Heyda, Shyam Mehta y Damian y Maggie Treanor, por sugerir correcciones al texto;
Sallie Sullivan, por supervisar las sesiones fotográficas;
Michael Alcock, por encontrar editor;
Kyle Cathie, el editor;
Sarah Epton, la jefa de publicaciones;
Ruth Baldwin, la responsable de la edición;
Heidi Baker, la diseñadora;
Guy Hearn, el fotógrafo;
Gandolfi, que hizo el vestido;
Fiona Leech, por el arreglo de pelo y el maquillaje;
Yoga Matters, por el préstamo de accesorios;
Deep Space, por el uso de su estudio;
el Instituto Bhandarkar de Investigaciones Orientales, de Puna, India, por el permiso para reproducir fotografías de manuscritos de su colección;
S. L. Khot, por fotografiar los manuscritos;
el Museo Ashmoleano de Oxford, por su permiso para reproducir la fotografía de la estatuilla de Patañjali, de propietario anónimo, en préstamo al museo;
Shepheard-Walwyn (Publishers) Ltd por los doce poemas del libro de Mira Mehta **Cascade of Stars.**

Índice

Prólogo

Este libro surgió casi como una idea de último momento. Yo estaba planeando un libro global de Yoga que integraría la teoría con la práctica. Sin embargo, se me ocurrió que un libro así tendría que sustentarse en una introducción básica a las complejas ideas y prácticas que el Yoga abarca. Esta idea arraigó y creció con rapidez tomando forma por sí misma.

Le pedí a mi querido amigo, el profesor Krishna Arjunwadkar, que colaborase conmigo para las secciones de filosofía, pues él se ha pasado la vida entera curioseando en los vastos campos del conocimiento sánscrito, que representa el antiguo patrimonio indoeuropeo de lenguaje, lógica y filosofía.

Hay un célebre libro indio de fábulas, análogas a las de Esopo. La historia en la que se enmarcan trata de un profesor contratado para educar a los hijos de un rey. Su método es enseñar a través de historias, de manera que los príncipes se empapen de conocimientos imperceptible y placenteramente. Este método también se emplea en las antiguas obras de filosofía india para impartir la sabiduría alcanzada por los sabios a través de sus meditaciones sobre el mundo, la vida y la inteligencia. Emulando este acrisolado recurso pedagógico, el profesor Arjunwadkar ha introducido, siempre que ha podido, historias y ejemplos, tradicionales y modernos, para ilustrar los conceptos de la filosofía yóguica.

En un tema práctico como el Yoga, la formación personal es de primordial importancia para progresar, y un libro, por informativo que sea, nunca puede reemplazar a un enseñante. He intentado salvar la distancia del anonimato entre escritor y lector presentando el material como si lo hiciese a los alumnos de una clase. Partiendo de los numerosos cursos de base que he impartido, he afrontado las preguntas y problemas comunes que los estudiantes encuentran, pues lo que es penoso para uno suele serlo para muchos.

Embarcarse en una nueva empresa puede ser, a la vez, emocionante y desalentador. He oído decir a muchas personas que les gustaría aprender Yoga, pero sienten que exige una entrega de tiempo y esfuerzo que son incapaces de otorgarle, y por consiguiente, no empiezan en absoluto. Mi reacción es siempre: «¡Qué pena!», pues se están perdiendo una experiencia de lo más gratificante. Para empezar, el Yoga no requiere una entrega enorme. Ni hace falta considerar el tema en toda su plenitud. En palabras de un proverbio sánscrito que estimula al principiante poco seguro de sí mismo:

> **¿Cómo puede uno hacerse rico sino gradualmente?**
> **¿Cómo puede uno adquirir conocimientos sino sucesivamente?**

Es a partir de pequeños comienzos, poco a poco, como se adquiere el dominio.

Mira Mehta

Introducción

Un árbol es saludable en la medida que lo son sus raíces y un edificio, tan sólido como sus cimientos. De la misma manera, en Yoga la calidad de la base es crucial. Se trata de un tema cuya área de estudio es el ser humano; prescribe un entrenamiento de todos los aspectos de la personalidad, con la meta de alcanzar una cima de experiencia espiritual. Esa cumbre no puede alcanzarse (o ni siquiera vislumbrarse) sin un adecuado trabajo de base.

Si el Yoga se trata como ejercicio meramente físico, no resulta esencial una explicación de principios, pues los beneficios utilitarios de las posturas y las técnicas para entrenar la respiración hablan por sí solas. De modo similar, con este enfoque, no es crucial un énfasis en la perfección, ya que los resultados se ven incluso partiendo de una práctica imperfecta. Sin embargo, indagar más allá de la esfera física, dentro del interior de la persona, requiere comprender la teoría y aplicar con precisión los instrumentos para la investigación; a saber: el cuerpo y la mente. Sin exactitud, el valor de la práctica disminuye y se dificulta la comprensión profunda del tema. Sin una comprensión del tema, el fin de la precisión no se entiende y los progresos se ven realmente bloqueados.

Por estas razones, este libro presenta una introducción a la práctica del Yoga, de la mano con los fundamentos de su filosofía.

Viṣṇu se recuesta sobre la serpiente inmortal, Ananta. Se dice que Patañjali, autor de los *Yoga Sūtras*, era una encarnación de Ananta.

Plan de la obra

El plan de este libro está modelado sobre el trabajo docente en las clases. El material se divide en doce Unidades de estudio, cada una de las cuales incorpora tres componentes: un breve ensayo reflexivo sobre un tema filosófico, una explicación de un aspecto de la práctica seguida por un programa de posturas, y un tema filosófico, que se amplía mediante notas que ofrecen una perspectiva más amplia.

Las Unidades son progresivas, formando en conjunto un curso global de base que cubre una amplia gama de posturas básicas (el Equilibrio sobre la Cabeza, aun siendo una postura básica, se excluye, pues requiere una base en todas estas posturas). No se fijan límites para el aprendizaje; los lectores pueden progresar a su propio ritmo y repetir una Unidad con la frecuencia que sientan necesaria.

Cada Unidad se inicia con una reflexión sobre un aspecto de la vida en forma de poema corto, y a continuación se ofrece la opinión del Yoga, que se basa en la obra antigua sobre Yoga más autorizada, los *Yoga Sūtra* (aforismos) de Patañjali y el comentario que sobre ellos hizo Vyāsa.

En la sección práctica de cada Unidad, se explica primero un principio de la práctica. Después se dan instrucciones para un programa de posturas que ejemplifican este principio. Además del método básico, se ofrecen orientaciones sobre cómo progresar y el modo de afrontar las dificultades (por ejemplo, la rigidez o el dolor). Cada postura se describe brevemente; tocando en varios aspectos, estas descripciones proporcionan un marco conceptual para las posturas.

La mayor parte de las posturas introducidas en el curso son en pie. Esto se debe a que los movimientos realizados sobre los pies son los que al cuerpo le resultan más fáciles de aprender. Los pies son la base a partir de la cual se yergue el cuerpo. Las posturas en pie activan los pies y las piernas y aportan movilidad a las caderas, la columna vertebral, los hombros y los brazos. Este entrenamiento es esencial para todas las demás posturas.

No obstante, concentrarse exclusivamente en un solo grupo de posturas no constituye una práctica equilibrada, algo que se aplica especialmente a las posturas en pie, que resultan bastante agotadoras. Por consiguiente, también se introducen otras posturas sencillas que implican distintas clases de estiramientos, torsiones de columna y, lo que es más importante, inversiones corporales. Las posturas invertidas contrarrestan el efecto de la gravedad sobre el cuerpo y son enormemente beneficiosas para la salud.

Y por último, pero no por ello menos importante, se explica el arte de la relajación. Una de cada cuatro Unidades se dedica a posturas y prácticas que desestresan eficazmente el cuerpo, la mente y los sentidos. Con esta preparación, se explica una sencilla técnica respiratoria en la Unidad final.

El método de posturas y técnicas respiratorias seguido es el de B. K. S. Iyengar, un yogui contemporáneo de influencia mundial, cuya clásica obra *La luz del Yoga* está reconocida como fuente autorizada por todas las escuelas. Su línea de aprendizaje puede remontarse, a la manera tradicional, de maestro en maestro hasta un yogui que vivía en el Himalaya, en Nepal.

En la sección de teoría de cada Unidad se explica un tema de filosofía yóguica. Esta explicación se complementa con notas detalladas. Al comienzo se definen conceptos clave y el hilo del argumento se reitera en sencillos resúmenes en verso.

Los temas sitúan al Yoga en un marco tanto histórico como universal. Se tratan las fuentes del Yoga, junto con un resumen de las principales obras, escuelas y autores asociados con él.

Para situar al Yoga en un contexto más amplio, el origen de la especulación filosófica india se remonta a la pregunta: «¿Cuál es la única cosa mediante la cual pueden conocerse todas las demás?», y a la búsqueda de conocimiento sobre el mundo interior. Se introduce el concepto de Realidad Suprema y se explica la relevancia del Yoga para la consecución de la meta espiritual. Se tratan temas relacionados con ellos: la evolución del mundo, el destino como consecuencia de las acciones, la autorrealización, la liberación de las repetidas reencarnaciones y las ocho divisiones del Yoga.

La búsqueda interior requiere una comprensión de cómo funciona la mente. En consecuencia, se explican la naturaleza, funciones e instigadores de la mente. Por último, se trata el concepto y proceso de meditación: es un medio para dominar y, finalmente, trascender la mente.

La exposición de la filosofía sigue de cerca el texto antiguo más respetado de Yoga, el *Yoga Sūtra* de Patañjali. Con sus más de dos mil años de antigüedad, esta obra resume todo el tema en menos de doscientas oraciones gnómicas. También se basa nuestra exposición en el comentario del siglo cuarto sobre el *Yoga Sūtra* realizado por Vyāsa. Para las historias ilustrativas nos basamos en obras de antigüedad aún mayor, las *Upaniṣads*, que son minas de información sobre el antiguo pensamiento indio.

Al principio de la obra, se ofrece un resumen de los principios más importantes del Yoga, «Guía rápida de conceptos de Yoga». Sirve tanto para presentar los temas como de consulta.

Las enseñanzas esenciales de la filosofía se recapitulan desenfadamente en el Epílogo, en forma de un diálogo alegórico entre un médico y su paciente.

Patañjali

El *Yoga Sūtra* de Patañjali se ha mantenido como la fuente principal sobre Yoga, además de como inspiración para posteriores tratadistas. Data del siglo II a. C.

La tradición atribuye a Patañjali la autoría de enjundiosas obras relacionadas con tres áreas bien diferenciadas de estudio: gramática (un comentario exhaustivo), medicina (un compendio de fundamental importancia) y el Yoga. El hilo común que vincula estos temas aparentemente no relacionados entre sí es que están pensados para alcanzar la pureza: de palabra, corporal y mental, respectivamente. Esta creencia se refleja en un verso tradicional, el cual se cree proviene de una autoridad en gramática, que rinde homenaje a Patañjali:

Con las manos unidas, saludo a Patañjali
el más destacado de los sabios, que eliminó
mediante el Yoga la impureza mental,
mediante la gramática la de la palabra,
mediante la medicina la corporal.

En la tradición sánscrita son numerosas las anécdotas acerca de grandes personalidades, pero poco se sabe sobre ellas más allá de esas historias. Respecto a Patañjali, se nos informa de que fue una encarnación de la serpiente divina Śeṣa, también conocida como Ananta, cuyo cuerpo enroscado proporcionaba un lecho para el dios Viṣṇu. Antiguas imágenes en piedra de Patañjali le muestran con una serpiente de cinco cabezas detrás de la suya. Fue adoptado por una *Yoginī*, Goṇikā. Descendió en sus manos unidas en forma de un niño en miniatura mientras ella estaba ofreciendo agua al dios Sol durante sus ritos matinales. Al tocar el agua la tierra, creció hasta convertirse en un niño normal. Esta leyenda trata de explicar el nombre de Patañjali (*patat*, caer + *añjali*, manos unidas) además de su epíteto tradicional Goṇikā-putra (hijo de Goṇikā). Lo más probable es que fuese originalmente un nombre de pájaro: los nombres de muchos sabios antiguos derivan de los de aves. Esta costumbre también existe en la sociedad india contemporánea.

Pautas para la práctica

Alimento
No practique Yoga con el estómago lleno. Deje pasar dos o tres horas después de un refrigerio y cinco o seis después de una comida pesada. Espere media hora después de la práctica antes de ingerir alimento.

Agua
No beba durante la práctica. Todas las bebidas, incluida el agua, tienen que digerirse, y la digestión no es compatible con el ejercicio.

Ropa
Lleve ropa suelta, pues las prendas tirantes restringen los movimientos. Tenga los pies descalzos, pues esto les permite estirarse y sensibilizarse.

Evacuaciones
Evacue los intestinos si practica por la mañana. Es difícil moverse bien cuando se está estreñido.

Menstruación
Evite las posturas invertidas, pues inhiben la salida de sangre del cuerpo. Evite asimismo las posturas en pie y otras posturas agotadoras. Haga un programa de posturas supinas y flexiones de tronco apacibles (véase Unidad 8), el cual favorece los cambios fisiológicos del ciclo menstrual y ayuda a aliviar cualquier dificultad que se experimente con él.

Enfermedades y operaciones
Si padece una afección grave o crónica o se está recuperando de una intervención quirúrgica reciente, consulte a un profesor/a con experiencia. Un programa para principiantes que incluya posturas en pie agotadoras no es probable que sea adecuado; resultará más beneficioso un programa de posturas relajantes y recuperativas.

Embarazo
Consulte a un profesor/a experimentado. Es necesario un programa especial de posturas orientadas hacia el estado físico en cambio constante de la futura madre, y que incluya, si se requiere, muchas posturas tranquilas.

Repetición de posturas
Las posturas en pie, las flexiones de tronco y las torsiones se repiten normalmente dos veces. La repetición reduce la rigidez, facilitando la realización de las posturas.

Tiempos en las posturas
Las posturas supinas e invertidas se suelen mantener durante bastante tiempo. Permanecer en postura mejora su efecto fisiológico, como, por ejemplo, la expansión del pecho y los pulmones. La capacidad de mantenerse en las posturas se incrementa con la práctica.

Contraindicaciones
Las posturas invertidas están contraindicadas en ciertas circunstancias; por favor, lea las advertencias incluidas en las instrucciones para estas posturas.

Accesorios
Para facilitar el aprendizaje de las posturas, a veces se emplean sencillos accesorios. Proporcionan apoyo, un sentido de dirección y una experiencia más eficaz de la postura. Con ayuda de accesorios es posible permanecer en una postura con comodidad y confianza, obteniéndose así el máximo beneficio. La mayoría de estos accesorios son artículos del hogar o son fáciles de encontrar en cualquier casa, como una alfombra antideslizante, mantas, una silla, un taburete, un almohadón cilíndrico, un ladrillo, un banco o mesita de centro, o una pared.

Guía de la pronunciación sánscrita

La ortografía de las palabras sánscritas en esta obra sigue la convención internacional de transliteración. He aquí una guía para la pronunciación:

Vocales
Hay vocales largas y cortas. Un macron sobre una vocal indica que es larga.

Vocales puras
a como en inglés *about* (o la vocal neutra catalana); **ā**, **ī**, **ū** más largas que las españolas; **i**, **u** más breves que las españolas.

Diptongos
e como en peine; **ai** como en aire; y **au** como en español.

r vocálica
ṛ como en *ru* o *ri* (equivalentes aproximados).

Vocal nasalizada
ṁ or **ṃ**: la nasal es modificada por la siguiente consonante: **sāṁkhya** se pronuncia /saank-hya/.

Aspiración
ḥ indica la repetición aspirada de la vocal precedente: **aḥ** se pronuncia /aha/; **iḥ** /ihi/; **uḥ** /uhu/ (equivalentes aproximados, y siempre aspirando la hache).

Consonantes
Se agrupan de acuerdo con el punto de articulación. Muchas tienen una forma sorda y otra sonora, y una forma aspirada y otra no aspirada. En la mayoría de los grupos existe una nasal.

Guturales
k como en *kilo*; **kh** separando la ka de la hache aspirada (como en inglés *back hand*); **g** como en *gui*ño o en *ga*to; **gh** separando el sonido suave de ge de la hache aspirada (como en inglés *aghast*); **ṅ** como en si*n*copa o en si*n*gular.

Palatales
c como en chico; **ch** como en checo; **j** como en el inglés *James* o el catalán *Joan*; **jh** como en inglés *hedgehog;* **ñ** como la eñe española.

Retrógradas o retroflejas
ṭ, **ṭh**, **ḍ**, **ḍh**, **ṇ**: la lengua se retuerce hacia atrás y golpea la parte superior del paladar.

Dentales
t, **th**, **d**, **dh**, **n**: la punta de la lengua toca la cara posterior de los dientes superiores (como en español; no los alvéolos, como en inglés).

Los grupos **th** y **dh** se pronuncian separando ambas consonantes: [t + hache aspirada] y [d + hache aspirada]

Labiales
p, **ph**, **b**, **bh**, **m**
Los grupos **ph** y **bh** se pronuncian separando ambas consonantes: [p + hache aspirada] y [b + hache aspirada].

Semivocales
y, **r**, **l**, **v**

Sibilantes
ś, **ṣ**, **s**
ś: palatal, como *sh* en inglés (*sheet*), o *x, ix* en catalán o gallego (*caixa, xeral*); **ṣ**: como una *sh* inglesa o una *x* catalana o gallega, pero retrofleja (*push, puix*).

Aspirada
h

Resumen
Un macron sobre una vocal indica que ésta es larga.
Una tilde sobre la ese la convierte en palatal (como *sh* en inglés, o *x, ix* en catalán o gallego).
Un punto bajo la erre hace vocálico su sonido.
Un punto bajo la te, la de o la ene las hace retrógradas.
Un punto sobre la ene la convierte en gutural.
Una tilde sobre la ene la hace palatal.
Un punto encima o debajo de la eme la modifica dependiendo de la siguiente consonante.

Guía rápida de conceptos de Yoga

Esta sección explica resumidamente los conceptos básicos empleados en las explicaciones de la filosofía yóguica en este libro. Los términos originales sánscritos se dan entre paréntesis después de la entrada española. Los conceptos se disponen en cuatro grupos:

1. El Marco de la Investigación Filosófica Proporciona información general sobre los sistemas filosóficos indios que guardan relación con el Yoga.

2. El Mundo y la Vida Incluye conceptos fundamentales, tales como el alma, Dios y la materia primigenia.

3. La Mente y su Terreno Incluye conceptos relacionados con el análisis de la mente.

4. El Yoga Resume los términos clave del Yoga.

El Marco de la Investigación Filosófica

Escuela de filosofía (*darśana* – 'opinión', 'parecer', 'visión'): las escuelas filosóficas indias ofrecen visiones del mundo, el alma, Dios y la relación que guardan entre sí. La naturaleza de estas opiniones se define por el medio de conocimiento (véase derecha) al que se da prioridad en esa determinada escuela.

Escuela *Sāṃkhya* (*sāṃkhya-darśana* – 'la opinión / el parecer / la visión de los intelectuales'): Escuela de filosofía que da prioridad a la deducción o pensamiento racional. Concentrándose en la investigación metafísica, analiza la Realidad Suprema distinguiendo dos categorías bien diferenciadas y opuestas: la Materia (véase derecha) y el Espíritu o alma (véase derecha). Las enseñanzas de esta escuela son aceptadas por el Yoga.

Escuela yóguica (*yoga-darśana* – 'la opinión / el parecer / la visión sobre los medios de la experiencia espiritual'): Esta escuela estudia la mente y cómo trascenderla. Analiza los modos mentales, muestra cómo la mente provoca sufrimientos mundanos, y especifica un plan óctuple para controlarla y anularla. La obra autorizada sobre Yoga es el *Yoga Sūtra* de Patañjali, que data del siglo II a. C.

Medios de conocimiento (*pramāṇa* – 'medios para medir, es decir, para conocer'): Todas las escuelas de filosofía india exponen el medio de conocimiento sobre el que basan sus argumentos. Los aceptados por el Yoga son:

1. Percepción (*pratyakṣa* – 'abierto a los órganos de los sentidos'): el conocimiento adquirido directamente a través de los órganos de los sentidos. Ejemplos: oímos un sonido, sentimos calor o frío, etc.
2. Deducción (*anumāna* – 'medio ulterior de medida'): el conocimiento de lo desconocido mediante lo conocido. Ejemplo: a partir del humo visible, deducimos la existencia de una hoguera invisible.

3. Autoridad (*āgama* – 'lo que se ha transmitido por tradición'): el conocimiento de antiguos maestros obtenido por ellos mediante medios establecidos o mediante la intuición y transmitido a las generaciones posteriores. Ejemplos: las escrituras hindúes, las obras clásicas sobre Yoga, etc.

El Mundo y la Vida

Alma, Espíritu o Yo (*puruṣa, ātman*): El principio consciente y eterno de todos los organismos vivos. También se considera como un principio omnipresente cuando se le despoja de sus asociaciones mundanas. Aunque único como principio, el Espíritu consta de un número infinito de almas individuales que se enredan con el mundo material.

Dios (*īśvara*): El Alma suprema que no se ve afectada por las limitaciones de las almas normales. Al conocerlo todo, es el definitivo y supremo maestro. Su símbolo es la sílaba *Om*.

Materia Primigenia o Materia a secas (*prakṛti* – 'lo original'): El principio insensible, definitivo y eterno. Posee tres cualidades: luz (*sattva*), actividad (*rajas*) e inercia (*tamas*). Todos los fenómenos mundanos están imbuidos de estas cualidades y pueden analizarse de acuerdo con ellas. Como resultado de la presencia del alma consciente (véase arriba), la Materia Primigenia es activada y evoluciona convirtiéndose en el mundo fenoménico, incluido el complejo corporal que aprisiona al alma en vida (véase derecha).

Evolución del mundo Existen 24 productos de la Materia Primigenia (véase arriba) que evolucionan a partir de ella en orden, comenzando por los principios de inteligencia e individualización. A partir de éstos, evolucionan los seres vivos con capacidades para actuar y reaccionar y los elementos insensibles: espacio, aire, fuego, agua y tierra.

MATERIA PRIMIGENIA
▼
Principio de Inteligencia
▼
Principio de Individualización
▼ ▼

5 Facultades de los Sentidos
(orejas, piel, ojos, lengua, nariz)
+ 5 Facultades de Acción
(manos, piernas, habla, genitales, ano)
+ Mente

5 Propiedades de los Elementos
(sonido, tacto, color, gusto, olor)
▼
+ 5 Elementos fundamentales
(espacio, aire, fuego, agua, tierra)

Vida (*saṃsāra* – 'curso, pasaje'): En el contexto del Yoga la vida es una cadena de acciones (véase abajo) y transmigración, envolviendo al alma de sufrimiento. La emancipación permanente del sufrimiento es la liberación (véase pág. 15), alcanzable sólo mediante el conocimiento discriminativo (véase pág. 15).

Reencarnación (*punar-janma*): Uno de los aspectos de la existencia mundana del alma consistente en una serie de nacimientos y fallecimientos con la vida entre medias. El nacimiento y la muerte pertenecen al cuerpo físico. El alma, con su cuerpo sutil (véase pág. 14), atraviesa continuamente una serie de esos cuerpos físicos en el proceso de transmigración. Este proceso termina sólo con la liberación (véase pág. 15).

Acciones (*karmas*): El alma realiza acciones con la ayuda del complejo cuerpo-mente. Se considera que ninguna acción termina hasta que haya tenido consecuencias. Esto ha conducido a la teoría de una energía invisible de la acción que sobrevive a la acción física o mental de breve duración. El término *karma* se emplea en estas dos connotaciones.

Cuerpo sutil (*sūkṣma-śarīra*): El alma posee un cuerpo sutil e invisible, además del cuerpo físico, perecedero. El cuerpo sutil posee facultades correspondientes a las del cuerpo físico, pero no está sujeto a las mismas limitaciones (por ejemplo, puede trasladarse a cualquier lugar y a través de cualquier cosa). Permanece con el alma a menos que el alma alcance la liberación (véase pág. 15), momento a partir del cual se funde con su origen, la Materia Primigenia (véase pág. 13).

La Mente y su Terreno

Mente (*manas, citta*): (a) El instrumento mediante el cual el alma tiene experiencias mundanas y es inducida a actuar. Recibe de los órganos de los sentidos conocimientos que interpreta como bienvenidos o no, implicando así al alma en el placer o en el dolor. (b) Al mismo tiempo, la mente es un enorme depósito de huellas (véase a continuación) de experiencias que provocan recuerdos (memoria).

Huellas e instintos (*saṃskāras* y *vāsanās*): Son los registros mentales de las experiencias. Los instintos están profundamente arraigados, se arrastran durante muchas encarnaciones y se despiertan mediante el nacimiento en una especie en particular. Otras huellas de la experiencia no dependen de tales condiciones, como se demuestra por los sueños, que se clasifican como recuerdos causados por las huellas de la vida cotidiana.

Modos mentales (*vṛttis*): La mente posee cinco modos de funcionamiento:

1. Conocimiento válido (*pramāṇa*): Se basa principalmente en la percepción, la deducción y la autoridad (véase «Medios de conocimiento», pág. 12);
2. Conocimiento erróneo (*viparyaya*): El conocimiento de un objeto como lo que no es (por ejemplo, confundir una cuerda con una serpiente).
3. Conceptualización (*vikalpa*): El conocimiento que surge a través de los procesos lingüísticos.
4. Sueño profundo (*nidrā*): El modo en el cual las operaciones de los sentidos y la mente quedan en suspenso.
5. Recuerdo o memoria (*smṛti*): El modo provocado por las huellas de las experiencias. También incluye el estado de sueño (representación mental mientras se duerme).

Sufrimientos (*kleśas*): Son cinco causas básicas de sufrimiento mundano, profundamente arraigadas en la mente. Se trata de: ignorancia (*avidyā*), sentido del yo (*asmitā*), apego (*rāga*), aversión (*dveṣa*) y aferrarse a la vida (*abhiniveśa*). La ignorancia se dice que es la raíz de la que surgen los sufrimientos posteriores.

Ignorancia (*avidyā*): La perversa visión que trata como eterno, puro, placentero y espiritual lo que es en realidad su opuesto: transitorio, impuro, doloroso y no espiritual. Resulta de no conocer la distinción entre el alma (asociada con aquellas cualidades) y la mente (asociada con estas últimas cualidades). La ignorancia es la raíz de los sufrimientos mundanos del alma (véase pág. 13).

El Yoga

Yoga: Este término se emplea en dos sentidos:

1. La escuela que se especializa en el análisis de la mente y muestra la manera de aislar al alma de la mente.
2. La profunda absorción (véase abajo) que constituye la meta final de esta disciplina.

Conocimiento (*khyāti, jñāna*): En filosofía india, el conocimiento no implica mera información intelectual, sino verdadera experiencia, también denominada comprensión.

Conocimiento discriminativo (*viveka-khyāti*): El conocimiento (*khyāti*) de que el alma es algo bien diferenciado (*viveka*) de la mente. Comienza con el conocimiento intelectual y madura, convirtiéndose en experiencia conducente a la liberación (véase abajo). Requiere una práctica persistente del Yoga. Cuando se alcanza la meta, el conocimiento discriminativo, al ser básicamente intelectual, deja de existir.

Liberación o aislamiento (*mokṣa* – 'libertad'; *kaivalya* – 'soledad'): Estado del alma en el cual ésta permanece en su condición natural de pura conciencia, sin verse afectada por los sufrimientos mundanos. Como este estado implica desenmarañar el alma de la mente, se conoce en Yoga como «aislamiento». Se alcanza mediante el conocimiento discriminativo (véase arriba).

Ayudas del Yoga (*yogāṅgas* – 'miembros / partes / aspectos del Yoga'): Los medios que conducen progresivamente al Yoga (véase arriba), en el sentido, en este contexto, de profunda absorción (véase derecha) de la mente en el alma. Existen ocho ayudas:

1. Normas morales (*yamas*): Son no lesionar (*ahiṃsā*), verdad o sinceridad (*satya*), abstenerse de robar (*asteya*), castidad (*brahmacarya*) y no codiciar (*aparigraha*).
2. Observancias (*niyamas*): son pureza o limpieza (*śauca*), contentamiento (sentirse satisfecho con lo que se tiene, *saṃtoṣa*), penitencia (*tapas*), estudio de textos sagrados (*svādhyāya*) y consagración (o abandono, o entrega) de todas las acciones a Dios (*īśvara-praṇidhāna*).
3. Postura (*āsana*): Implica una postura sedente estable y cómoda para la meditación. El término también se refiere a la variedad de posturas utilizadas para establecer una base de salud física y mental para las prácticas espirituales.
4. Entrenamiento respiratorio (*prāṇāyāma*): Sistema de prácticas basadas en las operaciones de inspirar, espirar y contener el aliento.
5. Retirada de los órganos de los sentidos (*pratyāhāra*): La retirada de los órganos de los sentidos de sus estímulos, el paso preparatorio para concentrar la mente en un objeto interno.
6. Concentración (*dhāraṇā*): La fijación de la mente en un objeto externo o una parte interior del cuerpo, como, por ejemplo, el corazón.
7. Meditación (*dhyāna*): La conciencia firme y continuada de un objeto ininterrumpida por otros objetos.
8. Absorción (*samādhi* – 'colocación correcta'): La absorción total de la mente, al principio en un objeto externo, y posteriormente en su origen, la Materia Primigenia (véase pág. 13), que deja al alma en su estado puro de conciencia. Esto es lo último en la práctica del Yoga.

Unidad 1

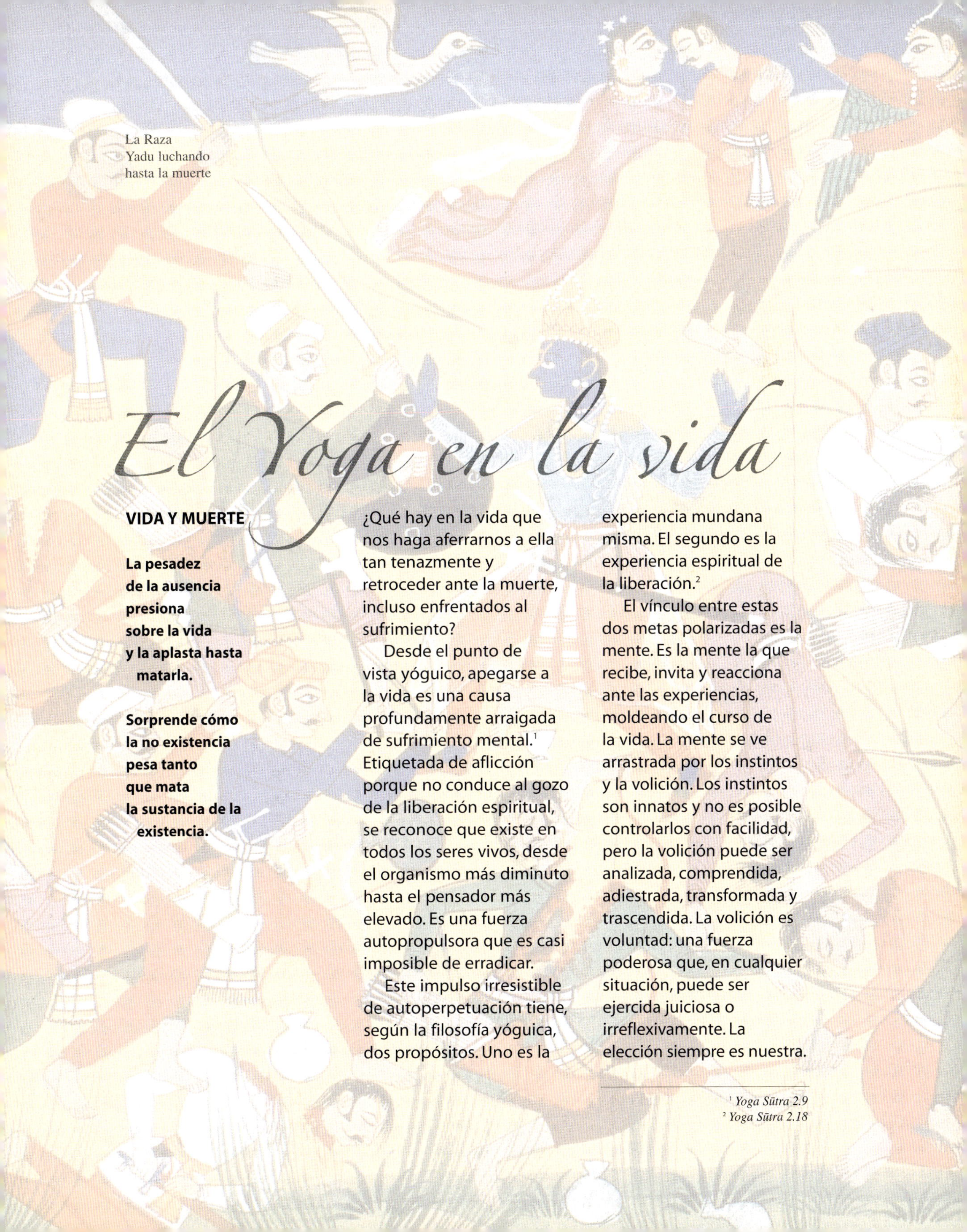

La Raza
Yadu luchando
hasta la muerte

El Yoga en la vida

VIDA Y MUERTE

La pesadez
de la ausencia
presiona
sobre la vida
y la aplasta hasta
matarla.

Sorprende cómo
la no existencia
pesa tanto
que mata
la sustancia de la
existencia.

¿Qué hay en la vida que nos haga aferrarnos a ella tan tenazmente y retroceder ante la muerte, incluso enfrentados al sufrimiento?

Desde el punto de vista yóguico, apegarse a la vida es una causa profundamente arraigada de sufrimiento mental.[1] Etiquetada de aflicción porque no conduce al gozo de la liberación espiritual, se reconoce que existe en todos los seres vivos, desde el organismo más diminuto hasta el pensador más elevado. Es una fuerza autopropulsora que es casi imposible de erradicar.

Este impulso irresistible de autoperpetuación tiene, según la filosofía yóguica, dos propósitos. Uno es la experiencia mundana misma. El segundo es la experiencia espiritual de la liberación.[2]

El vínculo entre estas dos metas polarizadas es la mente. Es la mente la que recibe, invita y reacciona ante las experiencias, moldeando el curso de la vida. La mente se ve arrastrada por los instintos y la volición. Los instintos son innatos y no es posible controlarlos con facilidad, pero la volición puede ser analizada, comprendida, adiestrada, transformada y trascendida. La volición es voluntad: una fuerza poderosa que, en cualquier situación, puede ser ejercida juiciosa o irreflexivamente. La elección siempre es nuestra.

---

[1] *Yoga Sūtra 2.9*
[2] *Yoga Sūtra 2.18*

Formas y direcciones

El primer paso al comenzar con las posturas o posiciones de Yoga (*āsanas*) es familiarizarse con sus formas, lo cual implica aprender su configuración geométrica, su alineación y la dirección de los estiramientos requeridos para moldearlas.

Este sentido interno de dirección se adquiere gradualmente a través de la práctica repetida. Aunque la mente pueda comprender con rapidez lo que se requiere, el cuerpo a menudo es lento, necesitando apoyarse en el hábito para hacerse experto en nuevos movimientos. Sin embargo, la alegría es grande cuando la mente y el cuerpo se sincronizan en su comprensión.

Lo primero que hay que aprender es a erguirse en pie bien derecho. En la postura erguida ideal, el cuerpo no se inclina ni hacia delante ni hacia atrás. Mantenidos dentro de un plano, la estructura esquelética, los tejidos blandos y los órganos se alinean adecuadamente. Las partes diseñadas para sostener el peso lo hacen y no se descargan sobre otras partes. Por ejemplo, cuando se llevan zapatos de tacón alto, se transfiere un peso indebido a los antepiés y el cuerpo se inclina hacia delante, lo cual afecta a la musculatura y la alineación de los pies y las piernas, y, por repercusión, de todo el cuerpo. La pérdida resultante de fuerza espinal puede apreciarse por comparación con el porte de personas que todavía siguen un estilo de vida relativamente natural: con los pies descalzos y la espalda y el cuello soberbiamente erguidos, pueden transportar pesadas cargas sobre la cabeza.

Así, la adecuada posición erguida es la base de la postura, tanto en su sentido general como en el sentido de *āsana* o postura yóguica. Sobre la base de esta comprensión, diversas posturas en pie constituyen el primer y fundamental grupo de *āsanas* que aprender.

En esta Unidad se introducen dos posturas en pie, además de la Postura de la Montaña o de la Palmera (*Tāḍāsana*), la cual toman todas las posturas en pie como punto de partida y punto final.

Además de erguirse bien en pie, es importante sentarse derecho. La manera más natural de sentarse para los humanos es con las piernas cruzadas en el suelo. Sin embargo, el uso de sillas ha convertido al suelo en una posibilidad remota para muchas personas, con la consiguiente pérdida de su derecho inalienable a la flexibilidad de la cadera y la fuerza de las lumbares. En la práctica de Yoga, por tanto, las posturas sedentes comienzan con esta *āsana* sencilla pero básica.

Sin embargo, la flexibilidad es tan sólo una consecuencia de la meta del Yoga, que es aprovechar las energías física, mental y emocional orientándolas hacia objetivos más elevados. Reconociendo la pérdida de energía que ocurre debido a las presiones de la vida diaria, el Yoga incluye muchas posturas reconstituyentes. Preminentes entre ellas, se hallan las inversiones; revitalizan el cuerpo y la mente e inducen calma.

Después de que el cuerpo se haya estirado y relajado y la mente esté tranquila, las preocupaciones del día pierden importancia. El viaje interior puede comenzar, lo cual se realiza en la Postura del Cadáver (*Śavāsana*). En ella la atención se dirige hacia los instrumentos del conocimiento, la mente y los sentidos, como entidades en sí mismas, no sólo como medio de entablar contacto con el mundo.

ताडासन *Tāḍāsana*

Postura de la Montaña o de la Palmera

Traccionado hasta su plena altura, el cuerpo se halla erguido como una montaña o una palmera de Palmira.

Colóquese de pie con los pies unidos. Una los dedos gordos, las caras internas de los talones y de los tobillos. Tense las rótulas y tire hacia arriba de la musculatura de los muslos. Extienda el tronco apartándolo de las piernas.

Eche atrás los hombros y bájelos, y presione los omóplatos hacia el interior del tronco. Estire los brazos y las manos hacia abajo y luego relájelos. Deje que las palmas de las manos queden vueltas hacia los muslos.

Extienda el cuello hacia arriba y mantenga erguida la cabeza. Relaje los ojos y la cara, y mire al frente. Respire acompasadamente.

Permanezca en esta postura durante 20-30 segundos.

Para progresar

Atrase ligeramente el peso del cuerpo sobre los talones. Aprenda a estar de pie con equilibrio, repartiendo el peso uniformemente sobre ambos lados.

त्रिकोणासन *Trikoṇāsana*

Postura del Triángulo

Las extremidades y el tronco forman un diseño de triángulos en un plano vertical.

Adopte *Tāḍāsana* (véase pág. 19).

Inspire profundamente y, de un salto, separe los pies 105-120 cm, extendiendo al mismo tiempo los brazos lateralmente a la altura de los hombros, con las palmas vueltas hacia abajo. Alinee los pies y colóquelos paralelos.

Gire el pie izquierdo 15 grados hacia dentro y el pie derecho 90 grados hacia fuera. Alinee el centro del talón derecho con el centro del arco plantar izquierdo. Gire cada pierna hacia fuera. Tense las rótulas y tire hacia arriba de la musculatura de los muslos.

Espire y baje lateralmente el tronco hacia la derecha; sujétese el tobillo o la espinilla derechos con la mano de ese mismo lado. Apoye la mano izquierda en la cadera y gire enérgicamente el tronco hacia arriba.

Estire el brazo izquierdo hacia arriba y gire la palma de la mano para que mire al frente. Gire el cuello y la cabeza y dirija la mirada hacia la mano. Respire acompasadamente.

Permanezca en la postura durante 20-30 segundos. Inspirando, incorpórese. Gire los pies hacia el frente y descanse los brazos. Luego repita por el otro lado.

Inspirando, incorpórese. Espire y una los pies de un salto, bajando al mismo tiempo los brazos.

Para progresar

Presione contra el suelo el borde externo del pie posterior. Siga estirando las piernas y separándolas a base de girarlas. Alargue el tronco y mantenga la intensidad del giro de esta parte del cuerpo hacia arriba.

Ayuda (para todas las posturas en pie)

- **Para problemas de espalda y rodillas, separe las piernas dando un paso, sin saltar.**
- **La distancia entre los pies varía dependiendo de la altura del tronco y la longitud de las piernas: es más amplia para una persona alta que para una persona baja.**

पाश्र्वकोणासन *Pārśvakoṇāsana*

Postura del Ángulo Lateral

Sobre la base de un cuadrilátero formado por las piernas y el suelo, el tronco, mantenido lateralmente, gira hacia arriba, con la ayuda de los brazos.

Adopte *Tāḍāsana* (véase pág. 19).

Inspire profundamente y, de un salto, separe los pies 120-135 cm, extendiendo al mismo tiempo los brazos lateralmente a la altura de los hombros, con las palmas de las manos vueltas hacia abajo. Alinee los pies y colóquelos paralelos.

Gire el pie izquierdo 15 grados hacia dentro y el pie derecho 90 grados hacia fuera. Alinee el centro del talón derecho con el centro del arco plantar izquierdo. Gire cada pierna hacia fuera. Tense las rótulas y tire hacia arriba de la musculatura de los muslos.

Espire y flexione la pierna derecha para formar un ángulo recto, con la espinilla vertical y el muslo horizontal. Al mismo tiempo baje lateralmente el tronco hacia el muslo y coloque la mano derecha (yemas de los dedos) en el suelo, junto al pie. Apoye la mano izquierda en la cadera. Gire el tronco hacia arriba.

Lleve el brazo izquierdo por encima de la cabeza, con la palma de la mano vuelta hacia abajo. Gire el cuello y la cabeza, y mire al brazo. Respire acompasadamente y sin forzar.

Permanezca en la postura durante 20-30 segundos. Inspirando, incorpórese. Gire los pies hacia el frente y descanse los brazos. Luego repita por el otro lado.

Inspirando, incorpórese. Espire y una los pies de un salto, bajando al mismo tiempo los brazos.

Para progresar

Presione contra el suelo el borde externo del pie posterior. Cree un estiramiento continuo a lo largo de la pierna atrasada, el costado del tronco, y el brazo y la mano superiores.

सुखासन *Sukhāsana*

Postura Cómoda

En esta posición sedente natural, la espalda se entrena para mantenerse erguida.

Siéntese en el suelo con las piernas simplemente cruzadas. Si siente que la parte baja de la espalda se hunde, siéntese en un soporte, como, por ejemplo, una o dos mantas dobladas. El soporte tendrá la altura correcta cuando la región sacrolumbar se sienta ligera. Coloque las yemas de los dedos en el suelo junto a las caderas y estire el tronco hacia arriba. Atrase los hombros y recoja los omóplatos. Mantenga erguida la cabeza. Respire acompasadamente.

Permanezca en la postura durante 30-60 segundos. Cruce las piernas del otro modo y repita.

Para progresar

Mantenga el tronco erguido. Si la espalda se eleva bien, coloque las manos en las rodillas.

पर्वतासन *Parvatāsana*

Postura de la Montaña

Como el pie de una montaña, las piernas forman una base amplia y estable a partir de la cual el tronco y los brazos se estiran hacia arriba majestuosamente.

Siéntese en *Sukhāsana* (véase arriba). Entrecruce los dedos. Gire las palmas hacia fuera y estire los brazos hacia arriba. Tense los codos. Mantenga relajados la cara y el cuello.

Permanezca en la postura durante 20-30 segundos. Baje los brazos, cambie el entrecruzado de los dedos, cruzándolos al contrario, y repita.

Para progresar

Estire hacia arriba los costados del tronco con ayuda de los brazos.

ऊर्ध्व-प्रसारित-पादासन
Ūrdhva-Prasārita-Pādāsana

Extensión Ascendente de Piernas

El cuerpo adopta una forma perpendicular al apoyarse contra el suelo y la pared.

Siéntese en el suelo lateralmente con respecto a la pared, con una nalga apoyada en ella. Inclínese para apoyarse en los codos y eleve primero una y luego la otra pierna sobre la pared, haciendo girar al mismo tiempo el tronco.

Tiéndase y estire las piernas hacia arriba. Mantenga las nalgas pegadas a la pared. Coloque los brazos por encima de la cabeza, y relájese.

Permanezca en la postura hasta 5 minutos. Para bajar, flexione las rodillas y vuélvase de lado.

Ayuda

- **Si siente incomodidad en la cabeza, colóquese debajo de ella una manta doblada.**
- **Si lo prefiere, mantenga los brazos junto al tronco.**

Para progresar

Presione contra el suelo la cara externa de las caderas. Tense las rótulas y estire las piernas. Extienda los brazos. Mantenga el estiramiento activo durante 20-30 segundos, y luego relájese.

शवासन *Śavāsana*

Postura del Cadáver

Horizontal e inmóvil, el cuerpo yace como muerto; esta simulación es un arte en sí misma.

Siéntese en el suelo con las piernas estiradas al frente. Flexione las rodillas y tiéndase boca arriba, asegurándose de que el cuerpo forma una línea recta. Colóquese una manta doblada bajo la cabeza y el cuello. Estire las piernas y luego déjelas caer hacia los lados. Presione los hombros contra el suelo y desplace hacia dentro los omóplatos. Gire los brazos de manera que los bíceps queden vueltos hacia el techo. Estire los brazos y déjelos caer hacia los lados. Relaje las manos, dejando que los dedos se recojan por sí solos, libres de tensión.

Cierre los ojos y relaje el rostro.

Permanezca en la postura durante 5-10 minutos. Para incorporarse, vuélvase primero de lado.

Para progresar

Relaje continuamente la cara y los órganos de los sentidos: ojos, orejas, nariz, lengua y piel. Relaje la garganta. Siempre que aparezca en el cuerpo cualquier tensión, suéltela.

La investigación filosófica

CONCEPTOS CLAVE

Alma El principio interno sensible de todos los seres vivos, considerado también como principio omnipresente cuando se despoja de sus asociaciones mundanas. Se dice que tiene tres aspectos: existencia, conciencia y gozo.

Inmortalidad Cuando se emplea en el contexto filosófico, esta palabra significa liberación (véanse págs. 163-167), a diferencia de la limitada inmortalidad de los dioses en el Cielo.

Renunciación Dejación voluntaria de los lazos y la vida rutinarios para lograr una meta espiritual más elevada llamada liberación.

Cognición y conciencia Las dos palabras se emplean para distinguir entre los aspectos particular y general del proceso de conocimiento. La cognición es conciencia marcada por el triple atributo: el conocedor, el medio de conocimiento y el objeto; conciencia, en sentido general, es aquella despojada de especificidad, que subyace a todas las cogniciones.

La filosofía, sucintamente, es un intento de descubrir los fundamentos de los mundos externo e interno. Dos historias provenientes de obras antiguas de la tradición filosófica india, abajo relatadas, ilustran cómo comienza esta investigación.

La investigación del mundo externo

Śvetaketu era un muchacho perezoso, más interesado en el juego que en los estudios. Llegó a la edad de doce años sin educación.

Su padre, Āruṇi, estaba preocupado. Cierto día le dijo: «Śvetaketu, hasta ahora nadie de nuestro linaje ha sido analfabeto, mereciendo que se le trate como un burro. ¿Deseas ser tú el primero? Es hora ya de que vayas a la escuela, como hacen otros muchachos».

La admonición funcionó. Śvetaketu fue a establecerse en casa de un profesor, como antaño era costumbre. Comenzó sus estudios en serio, aprendiendo todos los textos tradicionales. A la edad de veinticuatro años volvió a casa, orgulloso de lo que había aprendido; sin embargo, se había hecho altivo y lleno de afectación.

Su padre observó su actitud. Era comprensible: inflación del ego debida a creer que había logrado algo importante. Estaba preocupado por el futuro de su hijo. Le preguntó: «Śvetaketu, durante tu estancia con tu profesor, ¿le preguntaste por el

El sabio, Śuka, instruye a sus discípulos sobre el Cuerpo y el Espíritu.

conocimiento que permite conocerlo todo en el mundo?». Śvetaketu quedó perplejo. Aquel conocimiento no había figurado en sus estudios. Preguntó: «Padre, lo que decís es para mí un misterio. ¿De qué clase de conocimiento podría tratarse?».

«Mira, hijo mío, es así. Cuando conoces la esencia de un terrón, conoces, por tanto, todo lo que está hecho de tierra, ¿verdad?»

El hijo asintió con la cabeza.

«Cuando conoces un abalorio de oro en esencia, conoces todo lo hecho de oro. Cuando conoces en esencia un cortaúñas de hierro, conoces todo lo hecho de hierro. El conocimiento del que estoy hablando es de esta naturaleza.»

El hijo tenía miedo de que le pidiese que volviera con el profesor durante otros doce años. Pensó en una salida, que consistió en seguir con la actitud que había desarrollado. Replicó: «Creo, padre, que mi profesor no podía saber esto. En caso contrario, ¿no me lo habría enseñado? Así pues, ¿me lo enseñaréis vos?».

El padre sonrió, dándose cuenta de la artimaña de su hijo. Sin embargo, dijo, con tono paternal: «De acuerdo, hijo, lo haré».

La primera lección comenzó: «Antes de que el mundo asumiese su forma actual, todo era sólo existencia pura, indiferenciada, única y sin segunda naturaleza. Hay quien piensa que antes no había más que no-existencia. Pero ¿cómo puede surgir la existencia de la no-existencia? Por tanto, lo que existía antes era definitivamente existencia».

Las clases continuaron, día tras día, punto tras punto, con teoría, ilustraciones y, ocasionalmente, algún experimento práctico. (*Chāndogya Upaniṣad*, VI)

La investigación del mundo interno

Yājñavalkya, un filósofo-erudito, deseaba renunciar al mundo. Cierto día anunció a Maitreyī, su esposa, que estaba abandonando la vida de cabeza de familia y que consideraba su deber hacer el reparto final de sus propiedades entre ella y su otra mujer, Kātyāyanī. De las dos, Maitreyī tenía inclinaciones filosóficas, mientras que

Kātyāyanī era una mujer con aspiraciones femeninas normales. Al darse cuenta de la intención de su marido, Maitreyī le preguntó: «Dime, Señor, si, ciertamente, consiguiera poseer yo toda la tierra con sus riquezas, ¿me haría de este modo inmortal, es decir, me liberaría?».

«No», contestó Yājñavalkya, «disfrutarías una vida como la de los acaudalados. Respecto a la inmortalidad, no existe la mínima esperanza de conseguirla a través de las riquezas.»

Esto le dejó a Maitreyī la situación absolutamente clara. Dijo que ella no quería tener nada que ver con lo que no le aportaría inmortalidad, y que deseaba aprender los conocimientos de su marido.

Yājñavalkya estaba encantado. Maitreyī le resultaba aún más querida debido a sus anhelos filosóficos, dijo. Le pidió que escuchase atentamente lo que iba a explicar, y reflexionase profundamente sobre ello.

La sorprendió cuando dijo: «Realmente, una esposa no ama a su marido por amor al marido, sino por amor a sí misma». Pero él tampoco pasó por alto a los maridos: «Ni realmente ama un hombre a su esposa por amor a ella, sino por amor a sí mismo».

Y esta verdad no se restringe al hombre y la mujer; todo en la vida queda bajo su dominio, como Yājñavalkya ejemplifica en una larga serie de casos. Se trata de un hecho que no tiene absolutamente ninguna excepción. Negarlo equivale a autoengañarse. Esta verdad persuade a una mente pensante a concentrar su atención en el alma, la fuente última de amor. Como concluía Yājñavalkya: «Hay que conocer el alma, y para tal fin, se la debe estudiar, y hay que reflexionar y meditar sobre ella. Cuando se conoce el alma, y se hace de ella el tema del pensamiento y la meditación, se conoce todo. Pues nada existe aparte del alma. No saber esto es desgajarse del resto del mundo».

Yājñavalkya ilustra con más ejemplos este punto, para probar concluyentemente que, conociendo una sola cosa, puede conocerse todo lo que surge de ella. A la mente no le es posible comprender cada uno de los golpes de un tambor sin primero entender lo que es un tambor y lo que es un golpe de tambor. Esto se debe a que la multiplicidad brota de la unidad como las nubes de humo surgen del fuego que quema combustible húmedo. El cuerpo material posee una conciencia concreta y limitada que no sobrevive a su muerte. Pero la cognición como un universal es eterna. ¿Por qué, entonces, no se «ve», si está ahí todo el tiempo? Porque el proceso de cognición mundana depende de la dualidad de sujeto y objeto. Esta dualidad termina cuando la naturaleza pura del alma, el sujeto, se hace valer. ¿Quién hay que pueda conocer el alma cuando el alma es el único conocedor? (*Bṛhadāraṇyaka Upaniṣad*, IV)

Perspectiva general

Las dos historias empiezan desde distintos puntos de vista pero llegan a una sola conclusión: que es posible conocer todos los fenómenos conociendo una sola cosa, su esencia. Es más, la esencia del mundo externo se identifica con la del mundo interno; y esta esencia no es más que el alma. Lo que existe dentro se halla también fuera. Ésta es la idea central de la antigua tradición filosófica india.

La segunda historia también refleja la opinión de que la liberación es la meta más elevada de la vida y de que no tiene precio. El único medio para conseguirla es conocer el alma, la fuente y meta últimas del amor.

Siguiendo el mensaje reflejado en estas historias, pero manteniendo su fidelidad al pensamiento racional, el Yoga considera que la Realidad consiste en dos principios esenciales, Materia y Espíritu o alma.

Física y metafísica

El campo de investigación implicado en estos diálogos se conoce en líneas generales como metafísica. La metafísica, como la física, es una forma de pensar sostenida por pruebas que no deja espacio para la voluntad humana. Este carácter de la metafísica o filosofía se expresa en las *Upaniṣads* cuando explican la naturaleza de la Realidad Suprema como situada más allá de obligaciones y tabús. Así, la diferencia entre física y metafísica reside no tanto en su enfoque como en sus objetivos. La física explora el mundo exterior, el objeto; la metafísica explora el mundo interior, el sujeto. Si la física es la ciencia de la Materia, la metafísica es la ciencia del Espíritu o alma.

Metafísica y ética

La metafísica, la ciencia del ser, trata de lo que es o no es. Explica el alma en su verdadera naturaleza más allá de todos sus complementos mundanos, como el placer y el dolor, lo bueno y lo malo, la virtud y el pecado. La metafísica es, por tanto, distinta de la ética, que trata de lo que uno debe o no debe hacer. La metafísica se basa en medios universales de conocimiento, como la percepción y la deducción, que no cambian con las tradiciones culturales. La ética se basa en la voluntad colectiva del ser humano que da forma a las diversas mentalidades y tradiciones de las sociedades. Es el elemento de voluntad de la ética, ausente en la metafísica, el que establece entre ambas una diferencia tan grande.

En resumen

Comprendido un terrón, todo lo hecho de tierra se entiende.
Conocida la esencia subyacente, el mundo entero se comprende.

La esencia del mundo visible se establece en el alma, la vidente [*ṛṣi*].
Ella es el núcleo de todo, lo más preciado, la experiencia que todos comparten.

Por tanto, si se comprende el alma, nada resulta ignoto.
Sólo ella debe comprenderse mediante el estudio, la meditación y la absorción profunda.

Eso es lo que se llama filosofía, que explica, de las cosas externas e internas, la quintaesencia que es eterna y que supera las convenciones.

Para una perspectiva más amplia...

La educación en la India antigua

En la India antigua, la enseñanza era llevada a cabo por profesores en sus propias casas. Un sacramento iniciático a la edad de ocho años marcaba el comienzo de la educación, cuando el niño se acercaba al profesor, vivía en su casa, le servía y recibía enseñanza según un método caracterizado por la transmisión oral y la memorización. Estas pautas eran seguidas por hijos de las familias instruidas, ricas y de la realeza. Había una rutina diaria rigurosa que incluía ritos religiosos y el estudio de la literatura védica de la rama Veda a la que el profesor pertenecía tradicionalmente. Este programa continuaba durante doce años. Al final de este período, el estudiante ofrecía al profesor lo que podía permitirse como muestra de su gratitud y se iba a casa a embarcarse en la segunda etapa de su vida: el matrimonio y los deberes como cabeza de familia, que incluían la revisión regular de sus estudios. Al no recibir honorarios regulares, estas escuelas eran sostenidas por los reyes y los miembros adinerados de la sociedad. No existen referencias a la educación de las mujeres siguiendo pautas similares, aunque en las *Upaniṣads* se encuentran mujeres participando en debates eruditos abiertos y exhibiendo profundos conocimientos filosóficos.

La renunciación

La vida en la antigua sociedad india se organizaba convencionalmente en cuatro etapas sucesivas:

1. Celibato (para estudiar).
2. Cabeza de familia (para atender los deberes religiosos y sociales).
3. Vida en los bosques (una vida retirada marcada por la sencillez y el pensamiento elevado, preparatoria para la cuarta etapa).
4. Renunciación (la vida rigurosa de un asceta, que rechaza las comodidades y placeres mundanos, dedicado a buscar y experimentar la Realidad Suprema).

Normalmente se emprendían las primeras dos etapas; el resto eran opcionales y dependían de la mente y el intelecto del individuo. En las historias arriba narradas, el muchacho Śvetaketu se hallaba en la primera etapa; el vidente (*ṛṣi*) Yājñavalkya estaba a punto de dejar la segunda etapa y entrar directamente en la cuarta, omitiendo la tercera.

Unidad 2

Los hombres de Yadu luchan entre sí en Prabhasa. Ilustración procedente de un manuscrito datado en 1648.

El Yoga en la vida

LIBERACIÓN DEL DOLOR

Un páramo arrasado donde nada crece excepto un matorral espinoso que pincha a quien busca sus flores:

Un reto para la destreza del jardinero, domeñar y transformar con paciencia la naturaleza silvestre en delicado cultivo.

El sufrimiento forma parte intrínseca de la experiencia de vivir. En el Yoga se define como aquello que todas las criaturas tratan de evitar, y da lugar a la aversión, una de las raíces del sufrimiento que dan forma a la mente.[1]

Reconociendo plenamente la dolorosa realidad de la existencia, el Yoga es optimista respecto a la supresión del dolor futuro. Afirma que se conoce un remedio para cada causa evitable de dolor.[2]

Se pone el ejemplo de una espina que pincha el pie; la evitación de este dolor consiste en no aplastar la espina con el pie o en llevar zapatos. La solución comienza con el conocimiento: de que una espina puede pinchar y de que un pie puede ser pinchado. Aplicar este conocimiento crea el remedio.

Comprender los factores responsables de las situaciones dolorosas y darse cuenta de nuestras áreas de vulnerabilidad nos permite encontrar la cura. Por espinoso que sea el camino de la vida, pueden identificarse medios de protección.

---

[1] *Yoga Sūtra 2.8*

[2] *Comentario sobre el Yoga Sūtra 2.17*

Cómo estirarse

La incesante fuerza de la gravedad sobre el cuerpo actúa contrayéndolo: las articulaciones se compactan, los músculos se acortan y los tejidos blandos se comprimen. Esto reduce la circulación en estas partes y estimula más aún la degeneración y la atrofia. En la niñez, la fuerza ascendente del crecimiento mantiene espacio y una libre circulación de la energía en el interior del cuerpo; cuando cesa el crecimiento, se establece la decadencia, bien lenta o bien rápidamente.

Estirarse implica el alargamiento de los músculos y la descompresión de las articulaciones y los tejidos blandos; por estas razones, tiene el poder de inhibir la decadencia. Puede incluso provocar la regeneración. Los animales, en su hábitat natural, se estiran rutinariamente después de despertarse y están constantemente en movimiento, conservando una maravillosa coordinación de extremidades hasta la vejez.

Cuando el cuerpo ha perdido el hábito innato de estirarse, tiene que restablecerse la naturaleza mediante el conocimiento. La acción de estirarse se ejemplifica con un elástico. Una forma de estirar un elástico es sostener un extremo firmemente mientras se tira del otro. Asimismo, a fin de estirar una parte del cuerpo, se mantiene firme una parte adyacente. Por ejemplo, para estirar las palmas de las manos, hay que extender los dedos y tensar los nudillos. Para estirar el cuádriceps (músculo del muslo), la articulación de la rodilla tiene que mantenerse tensa.

Existe una compleja interacción entre articulaciones y músculos: los músculos no pueden estirarse cuando las articulaciones están laxas, y las articulaciones no pueden extenderse sin acompañarse de extensión muscular. A medida que las extensiones se hacen más efectivas, los músculos se tonifican y se sueldan más eficazmente a los huesos que los sostienen. Al final, cuando en el estiramiento se activan los músculos profundos, hueso y músculo pueden actuar unidos. De este modo, se mantiene un alto nivel de energía en todas las partes del cuerpo.

Las posturas en pie son magníficas para aprender a estirarse. Fortalecen los pies y las piernas y aportan movilidad a las rodillas, las caderas y la columna vertebral. Sorprendentemente, también fortalecen los brazos. Esto se debe a que implican mantenerlos en una posición elevada. El amplio arco que abarcan sus formas hacen al cuerpo alargarse en todas las direcciones. En esta Unidad se introducen varias posturas en pie.

También es útil aprender a estirarse en tendido supino. Cuando se halla sobre el suelo, la espalda percibe una sensación de dirección, así como de apoyo. El estiramiento horizontal no encuentra la oposición de la gravedad y, por tanto, el cuerpo se alarga con mayor facilidad.

Las posturas en pie son agotadoras, especialmente para las piernas. Por tanto, tienen que equilibrarse con otras posturas. Arrodillarse, una de las otras posiciones humanas de descanso básicas, proporciona rápido alivio a las piernas. Flexionar el tronco es relajante para el corazón. Combinar las dos, arrodillarse y flexionar el tronco con la cabeza apoyada, elimina cualquier tensión producida durante las posturas en pie.

ताडासन *Tāḍāsana*

Postura de la Montaña o de la Palmera

Se necesita la coordinación de los estiramientos y la concentración para mantener el equilibrio sobre ambos lados del cuerpo en esta postura aparentemente sencilla.

Siga el método indicado en la Unidad 1 (pág. 19)

Para progresar

Eleve los dedos de los pies, estírelos hacia delante y vuelva a bajarlos. Eleve los talones, estírelos hacia atrás, apartándolos de los arcos plantares, y vuelva a bajarlos. Estire las piernas hacia arriba a partir de los tobillos. Estire los gemelos y las caras posteriores de los muslos, así como las caras anteriores de las piernas. Tire hacia arriba de las caderas y estire los costados del tronco. Intente estirar uniformemente por ambos lados.

ऊर्ध्व-हस्तासन *Ūrdhva-Hastāsana*

Postura de la Montaña con los Brazos Elevados

El cuerpo se alarga hacia arriba con la ayuda de este estiramiento de brazos.

Adopte *Tāḍāsana* (véase Unidad 1, pág. 19). Entrecruce los dedos y gire hacia fuera las palmas de las manos. Inspire y estire los brazos por encima de la cabeza. Tense los codos y presione hacia arriba con las muñecas.

Manténgase en la postura durante 10 a 15 segundos. Espire y baje los brazos. Cambie el entrecruzado de los dedos, cruzándolos al contrario, y repita.

Para progresar

Tire de los costados del tronco hacia arriba con ayuda de los brazos. No hunda el tronco al bajar los brazos.

त्रिकोणासन *Trikoṇāsana*

Postura del Triángulo

Brazos, piernas y tronco se estiran simultáneamente en diferentes direcciones (vertical, horizontal y diagonalmente), generando espacio y energía en el cuerpo.

Adopte *Tāḍāsana* (véase Unidad 1, pág. 19).

Inspire profundamente y, de un salto, separe los pies 105-120 cm, extendiendo al mismo tiempo los brazos lateralmente a la altura de los hombros, con las palmas de las manos vueltas hacia abajo. Alinee los pies y colóquelos paralelos.

Coloque un ladrillo vertical detrás del pie derecho. Gire el pie izquierdo 15 grados hacia dentro y el pie derecho 90 grados hacia fuera. Alinee el centro del talón derecho con el centro del arco plantar izquierdo. Gire cada pierna hacia fuera. Tense las rótulas y tire hacia arriba de la musculatura de los muslos.

Espire y baje lateralmente el tronco hacia la derecha; coloque la mano derecha sobre el ladrillo. El ladrillo se emplea para que la mano no tenga que alargarse tanto y el tronco no se hunda. Apoye la mano izquierda en la cadera y gire el tronco hacia arriba.

Estire el brazo izquierdo hacia arriba y gire la palma de la mano para que mire al frente. Gire el cuello y la cabeza y dirija la mirada hacia la mano. Respire acompasadamente.

Permanezca en la postura durante 20-30 segundos. Inspirando, incorpórese. Gire los pies hacia el frente y descanse los brazos. Luego repita por el otro lado.

Inspirando, incorpórese. Espire y una los pies de un salto, bajando al mismo tiempo los brazos.

Para progresar

Estire los dedos de los pies. Mantenga firmes las rodillas. Eleve la cara interna del tobillo izquierdo y presione contra el suelo con el borde externo del pie izquierdo. Estire hacia arriba la pierna, apartándola del pie. Mantenga firme el tobillo derecho y extienda la pierna apartándola del pie.

Estire el tronco en la dirección de la cabeza. Mantenga firmes los codos. Estire los brazos como si lo hiciese desde el centro del pecho.

Mantenga firme la muñeca izquierda y estire la palma y los dedos. Mantenga éstos unidos.

पार्श्वकोणासन *Pārśvakoṇāsana*

Postura del Ángulo Lateral

Respaldado por la pierna adelantada y uno de los brazos, el estiramiento diagonal de esta postura abarca desde el pie atrasado hasta la mano superior, recorriendo todo el tronco.

Adopte *Tāḍāsana* (véase Unidad 1, pág. 19).

Inspire profundamente y, de un salto, separe los pies 120-135 cm, extendiendo al mismo tiempo los brazos lateralmente a la altura de los hombros, con las palmas de las manos vueltas hacia abajo. Alinee los pies y colóquelos paralelos.

Coloque horizontalmente un ladrillo detrás del pie derecho. Gire el pie izquierdo 15 grados hacia dentro y el pie derecho 90 grados hacia fuera. Alinee el centro del talón derecho con el centro del arco plantar izquierdo. Gire cada pierna hacia fuera. Tense las rótulas y tire hacia arriba de la musculatura de los muslos.

Espire y flexione la pierna derecha para formar un ángulo recto, con la espinilla vertical y el muslo horizontal. Al mismo tiempo baje lateralmente el tronco hacia el muslo y coloque la mano derecha sobre el ladrillo. El soporte del ladrillo proporciona al tronco altura desde el suelo, para que no se hunda. Apoye la mano izquierda en la cadera. Gire el tronco hacia arriba.

Lleve el brazo izquierdo por encima de la cabeza, con la palma de la mano vuelta hacia abajo. Gire el cuello y la cabeza, y mire al brazo. Respire acompasadamente y sin forzar.

Permanezca en la postura durante 20-30 segundos. Inspirando, incorpórese. Gire los pies hacia el frente y descanse los brazos. Luego repita por el otro lado.

Inspirando, incorpórese. Espire y una los pies de un salto, bajando al mismo tiempo los brazos.

Para progresar

Estire los dedos de los pies. Eleve la cara interna del tobillo izquierdo y presione contra el suelo con el borde externo del pie izquierdo. Estire hacia arriba la pierna, apartándola del pie. Mantenga firme la rodilla.

Estire el costado izquierdo del tronco desde la cadera hasta la axila. Alargue el costado derecho del tronco y adelántelo.

Abra la axila izquierda, gire más el brazo izquierdo, para que la palma de la mano quede vuelta hacia abajo y estire el brazo. Mantenga firmes el codo, la muñeca y los nudillos. Abra la palma y estire los dedos.

वीरभद्रासन २ *Vīrabhadrāsana 2*

Postura del Guerrero 2

Los brazos, horizontales, se extienden desde el tronco dispuesto en vertical sobre las piernas colocadas asimétricamente: la fuerza de la pierna recta y la espalda son los soportes invisibles de este estiramiento.

Adopte *Tāḍāsana* (véase Unidad 1, pág. 19).

Inspire profundamente y, de un salto, separe los pies 120-135 cm, extendiendo al mismo tiempo los brazos lateralmente a la altura de los hombros, con las palmas de las manos vueltas hacia abajo. Alinee los pies y colóquelos paralelos.

Gire el pie izquierdo 15 grados hacia dentro y el pie derecho 90 grados hacia fuera. Alinee el centro del talón derecho con el centro del arco plantar izquierdo. Gire cada pierna hacia fuera. Tense las rótulas y tire hacia arriba de la musculatura de los muslos.

Espire y flexione la pierna derecha para formar un ángulo recto, con la espinilla vertical y el muslo horizontal. Mantenga el tronco vertical y orientado hacia el frente, con los brazos paralelos al suelo.

Gire el cuello y la cabeza, y mire hacia la derecha. Respire acompasadamente y sin forzar.

Permanezca en la postura durante 20-30 segundos. Inspirando, incorpórese. Gire los pies hacia el frente y descanse los brazos. Luego repita por el otro lado.

Inspirando, incorpórese. Espire y una los pies de un salto, bajando al mismo tiempo los brazos.

Para progresar

Eleve la cara interna del tobillo izquierdo y haga presión contra el suelo con el borde externo del pie. Estire la pierna apartándola del pie. Mantenga firmes las rodillas.

Tire más del brazo izquierdo hacia la izquierda, para mantener erguido el tronco. Estire los costados del tronco hacia arriba, pero mantenga bajos los hombros.

Mantenga firmes los codos. Extienda los brazos como si lo hiciera desde el centro del pecho. Mantenga firmes las muñecas y estire las manos.

अर्ध-उत्तानासन *Ardha-Uttānāsana*

Medio Estira-miento Intenso

Sostenida por las manos y los brazos en un extremo, y las caderas en el otro, la columna, horizontal, se extiende maravillosamente y sin tensión.

Colóquese en pie a 60-75 cm de una repisa que tenga la altura de la cadera. Separe los pies entre sí la anchura de las caderas. Flexione el tronco a partir de las caderas y coloque las manos en la repisa. Mantenga las rodillas tensas y estire las piernas hacia arriba. Tire de las caderas ligeramente hacia atrás y baje el tronco sin doblar los codos. Respire acompasadamente.

Permanezca en la postura durante 20-30 segundos. Inspirando, incorpórese. Una los pies.

Para progresar

Ajuste la posición de los pies de modo que las piernas se hallen perpendiculares al suelo. Estire la columna vertebral cada vez más y más.

अधो-मुख-वीरासन *Adho-Mukha-Vīrāsana*

Postura del Héroe, Boca Abajo

Esta flexión de tronco arrodillada relaja las piernas, la espalda y la cabeza.

Arrodíllese. Una los dedos de los pies y separe las rodillas. Estire el tronco hacia arriba y flexione el tronco a partir de las caderas, con los costados del tronco en contacto con los muslos. Adelante los brazos y apoye la cabeza en el suelo.

Permanezca en la postura durante 20-30 segundos, o más si se requiere mayor descanso. Inspirando, incorpórese. Desplace las piernas hacia el frente.

Ayuda

- **Si los tobillos están rígidos, colóquese una manta enrollada debajo de la parte inferior de las espinillas.**
- **Si las nalgas no se apoyan en los talones, coloque sobre ellos una manta doblada.**
- **Si la cabeza no llega al suelo, apóyela sobre una manta doblada.**

Para progresar

Presione las caderas hacia abajo y estire los brazos adelantándolos más.

पर्वतासन *Parvatāsana*

Postura de la Montaña

Los estiramientos de los brazos y el tronco se unen para dar a esta postura sentada una imponente altura.

Siga el método indicado en la Unidad 1 (pág. 24).

Para progresar

Incorpore la región de los hombros en el estiramiento: recoja los omóplatos, como introduciéndolos dentro del tronco, y abra las axilas.

शयित-ऊर्ध्व-हस्तासन *Śayita-Ūrdhva-Hastāsana*

Estiramiento de Brazos en Tendido Supino

Un estiramiento en dos direcciones que se divide en la cintura alarga el cuerpo.

Tiéndase boca arriba formando una línea recta. Una los pies y enderece las rodillas. Estire la cara posterior de las piernas y los pies. Inspirando, lleve los brazos por encima de la cabeza. Tense los codos y estire los dedos de las manos. Estírese desde la cintura hacia abajo, en dirección a los pies, y hacia arriba, en dirección a las manos.

Permanezca en la postura durante 10 a 15 segundos. Baje los brazos y relaje los brazos y las piernas.

Para progresar

Mantenga completamente rigidos las piernas y los brazos. Alargue los costados del tronco.

मत्स्यासन *Matsyāsana*

Postura del Pez

Las piernas cruzadas fijan la pelvis al suelo, permitiendo un intenso estiramiento del tronco y los brazos. Se dice que un yogui es capaz de flotar en esta postura cuando las piernas están completamente cruzadas en la Postura del Loto.

Siéntese con las piernas simplemente cruzadas. Échese boca arriba y estire los brazos por encima de la cabeza. Tense los codos. Ajuste las caderas de modo que queden niveladas.

Permanezca en la postura durante 1-2 minutos. Incorpórese y repita con las piernas cruzadas al contrario.

Ayuda

- **Si siente tensión en las ingles, colóquese soportes debajo de los muslos.**
- **Mantenga un ladrillo entre las palmas de las manos para dar fuerza al estiramiento de brazos.**
- **Si las manos no tocan el suelo, colóquelas sobre un soporte.**

Para progresar

Use los brazos para ayudar a estirarse a los costados del tronco. Relaje los brazos intermitentemente a fin de estirarse con renovado vigor.

ऊर्ध्व-प्रसारित-पादासन
Ūrdhva-Prasārita-Pādāsana

Extensión Ascendente de Piernas

Invertir las piernas apoyándolas contra la pared proporciona una rápida recuperación de la fatiga.

Siga el método indicado en la Unidad 1 (pág. 25).

Para progresar

Comprenda que la relajación es un importante complemento del estiramiento, permitiendo a los músculos renovar su energía. Aprenda a mantenerse inmóvil.

शवासन
Śavāsana

Postura del Cadáver

Yaciendo de espaldas en un pseudosueño, el cuerpo se halla receptivo a grabar el recuerdo de acciones y estiramientos de las diversas posturas.

Siga el método indicado en la Unidad 1 (pág. 26).

Para progresar

Contenga cualquier impulso a moverse. Si hay incomodidad en alguna parte, observe la razón para ello, y luego ajuste la postura cuidadosamente sin alterar otras partes del cuerpo. Mantenga inmóviles los ojos; esto mantiene el centro de atención interno de la mente.

El alma

CONCEPTO CLAVE

El dios de la Muerte Según la mitología india, existe un mundo sobrenatural de dioses que gobiernan los fenómenos naturales situados más allá del control humano. El dios que se encarga de los muertos es Yama, también conocido como Muerte. Se cree que se ocupa del alma después de la muerte de su cuerpo físico, y que la somete a las consecuencias de sus acciones. El autor de la siguiente historia emprende un vuelo poético al asignar al propio dios de la Muerte la tarea de arrojar luz sobre el destino de las almas después de la muerte.

Hemos visto cómo el filósofo investiga los mundos externo e interno para encontrar su esencia y también cómo el concepto de alma, siendo el verdadero origen del amor, se halla en el centro de la búsqueda en el mundo interior. Ahora podemos profundizar en la naturaleza del alma. La siguiente historia, bien conocida en la tradición filosófica india, pone de relieve este tema.

Un diálogo con la Muerte

Un muchacho precoz, Naciketas (¡cuyo nombre significa «ignorante»!), fue enviado por su padre a ver al dios de la Muerte. Según cuenta la historia, el padre estaba entregando como ofrendas religiosas vacas cojas y malnutridas. El muchacho se dio cuenta de que esto iba en contra del espíritu de la ofrenda y reiteradamente le preguntaba: «Padre, ¿a quién me entregaríais a mí como ofrenda?».

«A la Muerte», contestó el padre, irritado por la persistencia de su hijo.

Naciketas le tomó a su padre la palabra y fue a la morada del dios de la Muerte. El dios estaba ausente, por asuntos de trabajo. Durante tres días, Naciketas esperó en la puerta, ayunando y rehusando la hospitalidad ofrecida por la familia del dios. Esto preocupó al dios a su regreso y, como compensación por su fracaso en el cumplimiento de sus deberes como cabeza de familia, ofreció al muchacho tres deseos. Como primer deseo, Naciketas pidió reconciliarse con su padre. Su segunda petición fueron conocimientos sobre la adoración del fuego, que conduce a la vida en el Cielo.

Como tercer deseo, preguntó lo que le sucede al alma después de la muerte. El dios consideró este tema demasiado elevado para un muchacho joven y le ofreció darle a cambio todo lo que un hombre mundano buscaría: riquezas, hijos, tierras, larga vida, etc. El muchacho era obstinado; no renunció a su petición ni un ápice. Finalmente, el dios cedió y le explicó la naturaleza del alma.

En el curso del diálogo, Naciketas estableció con exactitud lo que le interesaba: «Háblame de eso que se halla más allá de la virtud y el pecado, la causa y el efecto, y el pasado y el futuro». En suma: quería saber lo que había más allá de las limitaciones de todo lo que es mundano. La frase «más allá de la virtud y el pecado» implica que la filosofía en esencia no se preocupa de la moralidad y la ética. En respuesta, el dios de la muerte señaló a Naciketas: «El alma no nace, ni muere cuando el cuerpo muere. Es eterna. Es incorpórea, aunque se albergue en cuerpos. Es omnipresente. Su conocimiento conduce al conocedor a un estado que supera la pena» (es decir, a la liberación). (*Kaṭha Upaniṣad*)

La existencia del alma

Este pasaje nos ayuda a profundizar en el tema presentado en la pasada Unidad, a saber: la metafísica. Afirma, en suma, que el alma se hallá más allá de las limitaciones que caracterizan los objetos mundanos. Esto plantea la cuestión de qué es lo que hace que el alma o espíritu difiera de la mente. Este problema atrajo el interés de los pensadores *upaniṣádicos* que argüían que el alma, como observadora del complejo mente-cuerpo, tenía que identificarse como entidad separada, pues ningún objeto puede verse a sí mismo. Intentaron también analizar los diversos estados de la conciencia (vigilia, sueño y sueño profundo), a fin de determinar la naturaleza del alma. Llegaron a la conclusión de que el carácter esencial del alma (la conciencia y el gozo no tocados por el placer y el dolor mundanos) se revela en el sueño profundo.

Un argumento popular para la existencia independiente del alma se basa en el caso de una mujer que despierta respuestas distintas en personas con actitudes diferentes. Al verla, su amante se deleita, un pretendiente rechazado se entristece, y un extraño se queda indiferente. Este ejemplo muestra que las respuestas frente al mismo objeto varían según los diferentes modos de pensar y que la mujer existe independientemente de las mentes que la contemplan.

La mente como cognoscible

Patañjali, cuya obra acerca del Yoga es, sobre todo, un tratado sobre la mente, examina el problema de modo lógico, y mediante el análisis de la experiencia universal llega a una prueba concluyente. La mente adopta la «forma» de los objetos que ve, tanto con como sin la ayuda de los órganos de los sentidos. Es, pues, una entidad en cambio constante. Somos conscientes de los cambios de la mente, lo cual indica que existe algún principio constante, invariable, que actúa como observador. La mente no puede funcionar a la vez como objeto y observador, dado que un objeto no puede, por lógica, ser su propio observador.

Otro argumento para la existencia del alma se encuentra en la forma de funcionar la mente y el alma. La mente funciona en asociación con muchos factores que la guían, como, por ejemplo, huellas mnemónicas, prejuicios, sentimientos, etc. Este modo de funcionar se encuentra en todos los casos donde el «funcionario» actúa no para sí mismo, sino para otro, igual que una casa, construida con muchos elementos, sirve a quien la habita. Para la mente, este «otro» es el alma, cuya única función es la observación. De hecho, la opinión es que el alma no funciona (es decir, no actúa) en absoluto, ya que su naturaleza intrínseca es la conciencia. Esta posición produce el corolario de que el observador, el alma, careciendo de características (color, forma, olor, etc.) que son la base sobre la que funcionan los órganos de los sentidos y la mente, supera la capacidad de conocer que ellos tienen.

El alma como conocedora

Y entonces, ¿cuál es la prueba de la existencia del alma? Esta cuestión puede responderse mediante una contrapregunta: ¿cuál es la prueba de la existencia de la mente, que carece de características (color, forma, olor, etc.) que puedan ser percibidas por los sentidos? La respuesta es que no podemos explicar la interpretación de datos recibidos por nuestros órganos de los sentidos y la decisión para realizar acciones basadas en ella, a menos que supongamos la existencia de la mente.

Una explicación similar puede ofrecerse para la existencia del alma: la cognición de las funciones de la mente no puede explicarse a menos que se suponga la existencia del alma. La prueba más concluyente es, por supuesto, la autoconciencia experimentada por todos. No puede haber desacuerdo sobre el hecho de que la percepción es superior a la deducción, pues ésta, en última instancia, se funda en aquélla.

Como pregunta un pensador *upaniṣádico*, ¿cómo puede uno conocer eso que constituye la base de todo proceso de conocimiento? Todo en el mundo está contenido en el espacio; ¿en qué está contenido el espacio? En otras palabras, es inútil insistir en una prueba de la existencia del alma que deba ajustarse al marco aceptado de conocimiento, el cual está comprendido dentro de los límites de la mente.

El dios Viṣṇu se manifiesta en su forma cósmica

En resumen

Lo que se llama filosofía es una indagación en la Realidad Suprema.
Ésta consta de alma y no-alma, como es experiencia objetiva de todos.

El alma es el observador, y el mundo es lo contemplado; ¿quién puede discutirlo?
¿Cuál es la naturaleza del alma? Sobre este punto discrepan quienes discuten.

Su naturaleza es conciencia y gozo; la experiencia mundana se afianza sobre ella mediante la ignorancia.
Darse cuenta de esto conduce a la liberación, que es el restablecimiento del intrínseco estado del alma.

Moralidad e inmoralidad, pecado y virtud, placer y dolor, idas y venidas.
Todo esto está arraigado en la ignorancia y se parece a la experiencia en un sueño.

La mente es cambiante y observada; el alma, la observadora, no cambia jamás;
como único observador de la mente, su existencia es demostrable.

Para una perspectiva más amplia...

El mundo de los dioses

Según la mitología india, existe un mundo sobrenatural de seres que se corresponde con el mundo humano en rasgos esenciales. Consta tanto de elementos buenos como malos, representados respectivamente por dioses y demonios. Para mantener la lógica básica de esta idea, se cree que hay dioses concretos que controlan los fenómenos naturales que quedan más allá del control humano. Así, el dios Indra se halla a cargo de las lluvias, Varuṇa a cargo de las aguas del mar, Vāyu del aire, Agni del fuego, etc. En este esquema, Brahmā (de género masculino, a diferencia del concepto filosófico de *brahman*, neutro en cuanto al género, como principio universal, impersonal) se halla a cargo de la creación o nacimiento, y Yama de la muerte. Estos dioses obtienen sus poderes del Dios supremo (con D mayúscula), llamado de diversas formas (Viṣṇu, Śiva, etc.), y tienen que responder de ellos ante Él. Sus deberes están guiados en general por los destinos (*karmas*) de las almas. Así, se concibe que el *Karma* se corresponde con la ley en la sociedad humana; es este poder lo que salva al mundo de transformarse en caos. Los dioses con funciones tienen un hábitat propio. Lo que se llama Cielo es el hábitat del dios Indra. Las almas virtuosas van a estos hábitats superiores después de la muerte y gozan allí de placeres hasta que su mérito termina. Los pecadores van al infierno (correspondiente a las prisiones humanas) bajo el control de Yama, para experimentar sufrimientos equiparables a sus pecados hasta que sus pecados terminen.

Aspectos del alma

El alma se define como la «esencia inmaterial de una vida individual; el principio espiritual incorporado en los seres humanos». Esta última definición puede no considerarse relevante en filosofía, pues restringe el uso del término a los seres humanos, excluyendo otras formas de vida. Incluso la primera definición no toca algunos aspectos del concepto, aspectos que la filosofía india prefiere especificar y para los cuales usa un término diferente.

La filosofía india distingue la «esencia inmaterial» en dos capacidades: (a) la esencia como restringida por aspectos de la vida mundana, tales como el placer y el dolor, el amor y el odio, etc.; (b) la esencia en su forma pura no relacionada con la vida. Limita el término «alma viva» (*jīva*) a la primera definición y emplea el término «yo» (*ātman*) para el segundo. Aunque tal uso no establece diferencias en el significado esencial, la filosofía india tiene el objetivo práctico de restablecer la esencia, el principio consciente, a su estado puro que no sufre las experiencias mundanas: un estado de gozo indeterminado como ejemplifica la experiencia en el sueño profundo. Este restablecimiento, llamado liberación, es comparable en la vida normal con el de una salud de hierro libre de enfermedades. Como la vida está inseparablemente asociada con la respiración, el ego y las emociones, la liberación se concibe como libre de estas limitaciones. Dado que la sutil distinción entre los dos significados no existe en español, en todo el libro se utiliza el mismo término, «alma».

Unidad 3

Viñetas mostrando la diversidad de la vida, provenientes de un manuscrito ilustrado del *Bhāgavata Purāṇa*.

El Yoga en la vida

EL AZAR Y EL DESTINO

Barrida de barlovento
por el azar y la circunstancia
hasta el sotavento
de su soporte natural,
la enredadera se deleita
en la vida del árbol
y florece en su refugio
en un cálido abrazo.

La vida parece ser una mezcla caprichosa de casualidad y encuentros planeados, relaciones breves y duraderas, decisiones inconsecuentes y fatídicas, y momentos felices y dolorosos. Seguramente, todos hemos tratado en alguna etapa de nuestra vida de buscar un patrón en nuestra propia cadena de acontecimientos y ataduras, y de responder a la pregunta de ¿por qué?

La filosofía yóguica sostiene que esta vida actual puede sólo comprenderse en el contexto de una serie interminable de encarnaciones que experimenta cada alma. Los asuntos inacabados de las vidas pasadas deben ser rematados en una vida futura, de acuerdo con la ley de causa y efecto. Esto es el *karma*, la suma de acciones que todos llevamos con nosotros como carga invisible y que transmigra junto con el alma.

Se afirma que las consecuencias de las acciones se manifiestan en tres aspectos de la reencarnación: tipo de especie, duración de la vida y experiencias.[1] Las experiencias son felices o dolorosas de acuerdo con las acciones buenas o malas anteriores.[2]

Por tanto, la filosofía yóguica afirma que nuestro destino está en nuestras propias manos. Igual que el presente es conformado por el pasado, así el futuro es constituido por el presente que se transforma en pasado. Siguiendo esta lógica, el Yoga concluye que el sufrimiento en el porvenir puede ser evitado.[3]

[1] *Yoga Sūtra 2.13*

[2] *Yoga Sūtra 2.14*

[3] *Yoga Sūtra 2.16*

El plano corporal

Cuando el cuerpo se halla erguido en pie, sus diversas partes se mantienen en posición dentro del plano vertical. Si cualquier parte se inclina saliéndose del plano, se ven afectadas la fuerza estructural y la eficiencia funcional del cuerpo. En consecuencia, por razones de salud merece la pena esforzarse por lograr esta alineación.

Las posturas en pie están pensadas teniendo presente el plano del cuerpo. Configuran diversas formas geométricas con ángulos, diagonales y líneas rectas, pero su dirección básica es la vertical.

Es difícil lograr este ideal postural en el espacio libre, porque el espacio da cabida a cualquier distorsión del cuerpo. Se consigue más fácilmente un sentido de linealidad situándose de pie apoyado en una pared. La pared representa de modo concreto el plano invisible del cuerpo y no permite movimientos más allá de ella.

Además, con el apoyo físico de la pared, los efectos de las posturas en pie se maximizan. Por ejemplo, una instrucción básica en la Postura del Triángulo (*Trikoṇāsana*) es girar el tronco hacia arriba. Esta rotación se facilita cuando la espalda se apoya contra la pared.

Aunque la pared sea un soporte, hacer las posturas apoyado en ella resulta, paradójicamente, más agotador que practicarlas en el centro de la habitación, debido al incremento de precisión y amplitud del movimiento que se exige al cuerpo. El agotamiento se equilibra con el descanso: las vigorosas posturas en pie se siguen de posturas que implican sentarse, apoyar las piernas, flexionar el tronco, descansar la cabeza y el corazón, e invertir el cuerpo, para revitalizar todo el ser.

Aunque el énfasis de las posturas en pie se haga, naturalmente, sobre los pies y las piernas, no deben descuidarse los brazos. Tienen que aprender a flexionarse, así como a estirarse. Las posiciones de brazos como en la Postura de la Cabeza de Vaca (*Gomukhāsana*) actúan no sólo sobre los brazos, sino sobre toda el área de la parte superior de la espalda, el cuello y los hombros (cintura escapulohumeral).

La movilidad y ligereza desarrolladas mediante estas diversas posturas en pie y sedentes son necesarias para las inversiones. Mantener una posición invertida requiere fuerza y libertad en la parte superior de la espalda y los hombros. Una postura sumamente importante a este respecto, y que proporciona un estiramento magnífico a todo el cuerpo, es la Postura del Perro (*Adho-Mukha-Śvānasāna*). Aunque introducida aquí después de las posturas en pie, se realiza a menudo al comienzo de la sesión de práctica. Siendo un trabajo intenso para los brazos, los hombros y las piernas, es al mismo tiempo relajante, porque la cabeza y el corazón se hallan más bajos que las caderas, lo cual significa que puede repetirse muchas veces sin generar tensión.

Las acciones poco familiares implicadas en las posturas tienen que ser asimiladas en la «memoria» del cuerpo. Esto requiere tiempo y un período de inmovilidad. La Postura del Cadáver (*Śavāsana*) proporciona exactamente ese marco adecuado. Tenderse de espaldas tranquilamente, sin distracciones mentales ni físicas, hace receptivos el cuerpo y la mente a las huellas de lo que se haya aprendido.

ताडासन *Tāḍāsana*

Postura de la Montaña o de la Palmera

Nuestro sentido de la verticalidad se ve cuestionado por la pared, que nos indica que habitualmente nos inclinamos o nos desviamos del plano vertical.

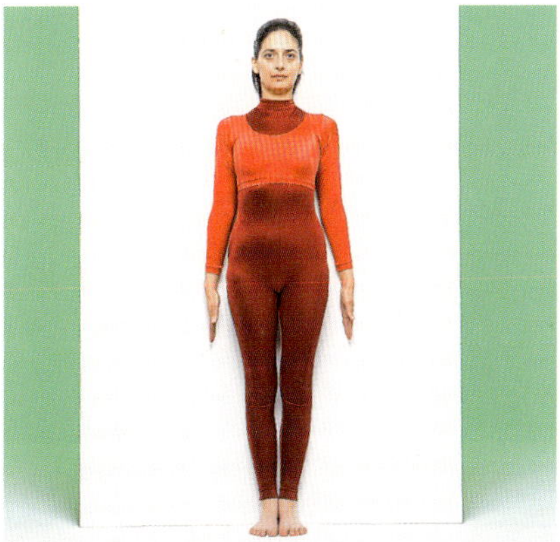

Colóquese con los talones, las nalgas, los hombros y la parte posterior de la cabeza apoyados en una pared. Pásese las manos bajando a lo largo de la parte inferior de la espalda y aléjela de la cintura. Mantenga unidos los pies, juntando los dedos gordos y las caras internas de los talones y de los tobillos. Tense las rótulas, una las caras internas de las rodillas y tire hacia arriba de la musculatura de los muslos. Presione las piernas hacia la pared. Extienda el tronco apartándolo de las piernas.

Tire del abdomen hacia arriba y, sin hundir el tórax, presione la cintura hacia la pared. Eche los hombros atrás y hacia abajo y recoja los omóplatos pegándolos bien a la espalda. Meta la columna torácica, como si penetrase más en el tronco, especialmente entre los omóplatos. Estire los brazos y las manos hacia abajo, con las palmas vueltas hacia los muslos. Eleve la base del cráneo y extienda hacia arriba el cuello. Mantenga erguida la cabeza. Relaje los ojos y la cara y mire al frente. Respire acompasadamente.

Permanezca en la postura durante 20-30 segundos.

Para progresar

Sienta la cara posterior del cuerpo apoyada en la pared y tire hacia ella de la cara anterior del cuerpo.

ऊर्ध्व-हस्तासन *Ūrdhva-Hastāsana*

Estiramiento de Brazos hacia arriba

Admiremos la facilidad de nuestros primos, los simios, para mantener los brazos elevados ¡gracias a sus manos fuertes y activas, la flexibilidad de las articulaciones de los hombros y las axilas bien extendidas!

Adopte *Tāḍāsana* apoyándose en una pared (véase pág. 53). Inspire y eleve los brazos por encima de la cabeza, con las palmas vueltas hacia el frente. Tense los codos y estire los brazos hacia arriba. Respire acompasadamente.

Permanezca en la postura durante 20-30 segundos. Espire y baje los brazos.

Para progresar

Estire del hombro al codo, del codo a la muñeca y de la muñeca a las yemas de los dedos.

वृक्षासन *Vṛkṣāsana*

Postura del Árbol

Con la pared como apoyo, el estiramiento en esta postura puede perfeccionarse sin preocuparse por el equilibrio.

Adopte *Tāḍāsana* apoyándose en una pared (véase pág. 53). Flexione la pierna derecha hacia fuera, sujete la base de la espinilla y coloque el pie contra la parte alta de la cara interna del muslo izquierdo. Ajuste el talón en el surco de la ingle. Mantenga firme la pierna izquierda. Inspire y eleve los brazos hacia delante y hacia arriba, apoyando los dorsos de las manos contra la pared. Tense los codos y estire los brazos y las manos. Respire acompasadamente.

Permanezca en la postura durante 20-30 segundos. Espire y baje los brazos y la pierna. Repita por el otro lado.

Para progresar

Meta la cadera izquierda y tire hacia atrás de la pierna flexionada, en dirección a la pared. Estire hacia arriba los brazos pegados a la pared y extienda los costados del tronco.

त्रिकोणासन *Trikoṇāsana*

Postura del Triángulo

Con la pared a la espalda, se consigue con paciencia que el cuerpo adopte el plano perpendicular de la postura.

Adopte *Tāḍāsana* (véase pág. 53) apoyándose en una pared o repisa. Inspire y separe, dando un paso, los pies 105-120 cm, extendiendo los brazos lateralmente a la altura de los hombros, con las palmas vueltas hacia abajo. Alinee los pies y colóquelos paralelos.

Gire el pie izquierdo 15 grados hacia dentro y el pie derecho 90 grados hacia fuera. Coloque un ladrillo vertical detrás del pie derecho. Alinee el centro del talón derecho con el centro del arco plantar izquierdo. (Si es posible, mantenga el talón izquierdo apoyado en la pared.) Gire cada pierna hacia fuera. Tense las rótulas y tire hacia arriba de la musculatura de los muslos.

Espire y baje lateralmente el tronco hacia la derecha; coloque la mano derecha sobre el ladrillo. El ladrillo se emplea para que la mano no tenga que alargarse tanto y el tronco no se hunda. Apoye la mano izquierda en la cadera o en la repisa y gire el tronco hacia la pared. Tire del hombro izquierdo hacia atrás.

Estire el brazo izquierdo hacia arriba, girando la palma de la mano para que mire al frente. Gire el cuello y la cabeza y dirija la mirada hacia la mano. Respire acompasadamente. Permanezca en la postura durante 20-30 segundos. Inspirando, incorpórese. Gire los pies hacia el frente y descanse los brazos, y luego repita por el otro lado. Espirando, una los pies, bajando al mismo tiempo los brazos.

Para progresar

Gire cada pierna desde la parte alta del muslo, para que toda la pierna esté activa. Gire la pierna derecha hacia fuera, siguiendo la dirección del pie. Gire la pierna izquierda hacia fuera, en la dirección contraria al pie.

Eleve las caderas y desplace el lado inferior (el costado derecho) de la pelvis y la caja torácica apartándolo de la pared y el lado superior (costado izquierdo) hacia ella.

पार्श्वकोणासन *Pārśvakoṇāsana*

Postura del Ángulo Lateral

Estabilizadas por el apoyo de la pared, las piernas se transforman en un firme pivote sobre el cual gira el tronco.

Adopte *Tāḍāsana* (véase pág. 53) apoyado en una pared o repisa.

Inspire y, de un salto o dando un paso, separe los pies 120-135 cm, extendiendo los brazos lateralmente a la altura de los hombros, con las palmas de las manos vueltas hacia abajo. Alinee los pies y colóquelos paralelos.

Gire el pie izquierdo 15 grados hacia dentro y el pie derecho 90 grados hacia fuera. Coloque horizontalmente un ladrillo detrás del pie derecho. Alinee el centro del talón derecho con el centro del arco plantar izquierdo. (Si es posible, mantenga el talón izquierdo apoyado en la pared.) Gire cada pierna hacia fuera. Tense las rótulas y tire hacia arriba de la musculatura de los muslos.

Espire y flexione la pierna derecha para formar un ángulo recto, con la espinilla vertical y el muslo horizontal. Baje lateralmente el tronco hacia el muslo y coloque la mano derecha sobre el ladrillo. El soporte del ladrillo proporciona al tronco altura desde el suelo, para que no se hunda. Apoye la mano izquierda en la cadera o en la repisa. Gire el tronco hacia la pared. Tire hacia atrás del hombro izquierdo.

Eleve en vertical el brazo izquierdo y continúe con la rotación ascendente del tronco. Gire la cabeza y mire hacia arriba.

Lleve el brazo izquierdo por encima de la cabeza, con la palma de la mano vuelta hacia abajo. Respire acompasadamente y sin forzar.

Permanezca en la postura durante 20-30 segundos. Inspirando, incorpórese. Gire los pies hacia el frente y descanse los brazos. Luego repita por el otro lado.

Inspirando, incorpórese. Espire y una los pies, bajando al mismo tiempo los brazos.

Para progresar

Gire cada pierna desde la parte alta del muslo, para que toda ella esté activa. Gire la pierna derecha hacia fuera, siguiendo la dirección del pie. Gire la pierna izquierda hacia fuera, en la dirección contraria al pie. Al flexionar la pierna derecha, no deje que el muslo se gire hacia dentro.

Eleve la cadera izquierda y presiónela hacia la pared. Tire de la rodilla derecha y el muslo izquierdo hacia la pared. Desplace el lado inferior (el costado derecho) de la pelvis y la caja torácica apartándolo de la pared y el lado superior (costado izquierdo) hacia ella.

वीरभद्रासन २ *Vīrabhadrāsana 2*

Postura del Guerrero 2

Ayudado por la pared, el cuerpo se mantiene en el plano vertical; por consiguiente, la energía se concentra y no se disipa en direcciones al azar.

Adopte *Tāḍāsana* (véase pág. 53) apoyándose en la pared.

Inspire y, de un salto o dando un paso, separe los pies 120-135 cm, extendiendo los brazos lateralmente a la altura de los hombros, con las palmas de las manos vueltas hacia abajo. Alinee los pies y colóquelos paralelos.

Gire el pie izquierdo 15 grados hacia dentro y el pie derecho 90 grados hacia fuera. Alinee el centro del talón derecho con el centro del arco plantar izquierdo. (Si es posible, mantenga el talón izquierdo apoyado en la pared.) Gire cada pierna hacia fuera. Tense las rótulas y tire hacia arriba de la musculatura de los muslos.

Espire y flexione la pierna derecha para formar un ángulo recto, con la espinilla vertical y el muslo horizontal. Mantenga el tronco vertical y los brazos paralelos al suelo. Gire el cuello y la cabeza, y mire hacia la derecha. Respire acompasadamente y sin forzar.

Permanezca en la postura durante 20-30 segundos. Inspirando, incorpórese. Gire los pies hacia el frente y descanse los brazos. Luego repita por el otro lado.

Inspirando, incorpórese. Espire y una los pies, bajando al mismo tiempo los brazos.

Para progresar

Gire cada pierna desde la parte alta del muslo, de modo que toda la pierna se halle activa. Gire hacia fuera la pierna derecha, siguiendo la dirección del pie. Gire hacia el exterior la pierna izquierda, en la dirección contraria al pie. Al flexionar la pierna derecha, no deje que el muslo se gire hacia dentro.

Meta bruscamente la articulación de la cadera izquierda, para que el tronco se eleve verticalmente.

Presione hacia la pared la rodilla derecha, el muslo izquierdo y el costado izquierdo del tronco.

अर्ध-उत्तानासन *Ardha-Uttānāsana*

Medio Estiramiento Intenso

A menos que las piernas se hallen exactamente en vertical, el tronco no alcanza el máximo estiramiento horizontal.

Siga el método indicado en la Unidad 2 (pág. 41).

Para progresar

Atrase la parte alta de los muslos para que éstos queden en el plano vertical, lo cual genera espacio en las articulaciones de la cadera. Estírese hacia delante a partir de las caderas y la parte inferior de la espalda.

अधोमुख-श्वानासन

Adho-Mukha-Śvānāsana

Postura del Perro, Boca Abajo

Los estiramientos separados de las extremidades y el tronco se integran para hacer de las caderas el ápice del cuerpo.

Arrodíllese en el suelo. Eleve las caderas y coloque las manos a unos 60 cm delante de las rodillas. Extienda los dedos de las manos, con el dedo medio dirigido al frente. Enderece los brazos y estírelos hacia los hombros. Deben estar inclinados. Flexione los dedos de los pies.

Eleve las caderas y enderece las piernas. Desplace el tronco hacia las piernas de modo que el cuerpo forme una V invertida. Respire acompasadamente.

Permanezca en la postura entre 30 segundos y 1 minuto. Flexione las rodillas y descienda.

Arrodíllese y flexione el tronco adoptando *Adho-Mukha-Vīrāsana* (véase Unidad 2, pág. 42), y luego incorpórese.

Para progresar

Mantenga tensas las rodillas. Presione las piernas hacia atrás, transfiriendo el peso corporal desde la cara anterior de las piernas hasta la posterior. Baje los talones sin hundir las piernas.

Mantenga los codos tensos y estire los brazos hacia arriba. Eleve los hombros, meta los omóplatos y tire del tronco hacia arriba. Eleve las caderas cada vez más alto.

पर्वतासन *Parvatāsana*

Postura de la Montaña

Altura y firmeza caracterizan las montañas; igual sucede con este estiramiento de los brazos y el tronco.

Siéntese sobre los talones. Entrecruce los dedos de las manos. Vuelva las palmas hacia fuera y estire los brazos hacia arriba. Tense los codos. Mantenga relajados el rostro y el cuello.

Permanezca en la postura durante 20-30 segundos. Baje los brazos, cambie el entrecruzado de los dedos y repita.

Para progresar

Comience el estiramiento partiendo de las caderas y la parte inferior de la espalda. Extienda la cintura y los costados de la caja torácica. Meta los omóplatos y eleve la parte superior del tronco sin comprimir los hombros ni el cuello. Extienda las axilas y atrase los brazos, introduciéndolos en el plano vertical. Afirme los brazos (del codo al hombro) y elévelos con fuerza hacia arriba. Luego estire los antebrazos.

गोमुखासन *Gomukhāsana*

Postura de la Cabeza de Vaca, Sólo Brazos

La alineación vertical aquí sólo ocurre en los brazos: los codos apuntan hacia arriba y hacia abajo, y los brazos (del codo al hombro) se encuentran en el plano vertical.

Siéntese sobre los talones, con las rodillas unidas. Eleve el tronco y siéntese erguido. Lleve el brazo derecho detrás de la espalda y suba el antebrazo y la mano derechos lo más alto posible por la columna. Para colocar bien el brazo derecho, empuje hacia arriba el codo con la mano izquierda. Adelante el brazo izquierdo y estírelo hacia arriba. Gire el brazo de modo que la palma mire hacia atrás; flexione el codo y cójase la mano derecha. Mantenga el tronco vuelto hacia delante. Relaje la cabeza y el cuello. Respire acompasadamente.

Permanezca en la postura durante 20-30 segundos. Suelte los brazos y repita por el otro lado. Luego extienda las piernas.

Para progresar

Atrase el brazo derecho para ponerlo vertical del codo al hombro. Atrase el hombro y el codo izquierdos para colocar vertical el húmero. Profundice el agarre de las manos.

Ayuda

- **Si las manos no pueden agarrarse, sostenga entre ellas una banda o cinturón.**

सर्वाङ्गासन *Sarvāṅgāsana*

Equilibrio sobre los Hombros

Esta postura, que literalmente significa «Postura para Todo el Cuerpo», se conoce como la madre de las posturas, porque calma y nutre todo el ser.

Advertencias

No practique esta postura durante la menstruación o si padece hipertensión (tensión arterial alta), una lesión cervical o desprendimiento de retina u otros problemas oculares. Si se produce presión en la cabeza, los ojos, el cuello o la garganta, descienda, reajuste la cabeza, el cuello y los hombros en la posición de partida y vuelva a intentarlo. Si la presión persiste, pida consejo a un profesor/a.

Disponga tres o cuatro mantas dobladas pegadas a una pared, con los bordes bien igualados vueltos hacia la habitación. Tiéndase lateralmente pegado a la pared de modo que los hombros se hallen sobre las mantas. Haga presión con los hombros hacia abajo y mantenga flexionadas las rodillas.

Con ayuda de las manos, eleve los pies sobre la pared y, simultáneamente, pivote el cuerpo hasta que el tronco se halle formando un ángulo recto con la pared. Mantenga los hombros y el tronco sobre las mantas, y la cabeza en el suelo.

Alinee el cuerpo en ángulo recto respecto a la pared. Aparte los hombros del cuello, presiónelos hacia abajo y meta los omóplatos.

Eleve el tronco, colóquese las manos sobre la espalda y eleve más los pies por la pared. Acerque los codos entre sí. Adelante la caja torácica y las nalgas.

Enderece las piernas, manteniendo los talones apoyados contra la pared. Si es posible, baje más las manos por la espalda (hacia los hombros). Respire acompasadamente.

Permanezca en la postura durante 1-3 minutos. Flexione las rodillas para descender. Ruede hacia un lado para incorporarse.

Para progresar

Alterne entre la posición con las piernas flexionadas y estiradas, para generar resistencia física. Cuando las piernas se hallen rectas, tense las rodillas y estire hacia arriba las piernas.

Ayuda

- **Si hay presión en el cuello o la garganta, incremente la altura del soporte.**
- **Si se produce presión en la cara o los ojos, descienda y vuelva a intentarlo alterando la altura del soporte. Preste atención a colocar bien los hombros. Si el problema persiste, consulte a su médico o a su profesor.**

शवासन *Śavāsana*

Postura del Cadáver

El plano horizontal es la guía para esta postura mientras el cuerpo se estabiliza y se relaja.

Siga el método indicado en la Unidad 1 (pág. 26).

Para progresar

Observe la forma de la cara posterior del cuerpo en relación con la superficie plana del suelo. Donde el cuerpo se proyecte hacia abajo, aplánelo: recoja la columna torácica, como introduciéndola en el tronco, sobre todo entre los omóplatos, y alise la parte inferior de la espalda apartándola de la cintura con ayuda de las manos. Donde el cuerpo tienda a elevarse o proyectarse, bájelo: tire hacia abajo de los hombros y relaje la cintura, los muslos, los pies, el abdomen, el cuello, la garganta y los ojos.

Las fuentes de la filosofía yóguica

CONCEPTO CLAVE

Escuela de filosofía Punto de vista sobre temas filosóficos, determinado por la prioridad concedida al medio de conocimiento (principalmente percepción, deducción y escrituras) sobre el cual basa sus doctrinas. Tal escuela ofrece sus opiniones sobre (a) el mundo, (b) el alma, (c) Dios, y (d) la relación que guardan entre sí.

Para comprender los puntales filosóficos que sostienen el Yoga, es útil poseer amplios conocimientos sobre la tradición filosófica india. Esta tradición tiene sus raíces en la literatura sánscrita más antigua y continúa ejerciendo su influencia hoy día.

Literatura védica

El corpus de literatura sánscrita más antigua se conoce como literatura védica. El significado básico de la palabra Veda es «conocimiento»; tradicionalmente, se cree que fue revelado por Dios. Todos coinciden en aceptarlo como el corpus más antiguo del mundo que merece el nombre de literatura. Las opiniones de los estudiosos varían respecto a su edad precisa, pero la capa más arcaica no puede ser razonablemente posterior al 3000 a. C. Esta literatura contiene las contribuciones de numerosos autores durante muchos siglos. Fue transmitida oralmente, con el maestro recitando las frases y el discípulo repitiéndolas hasta que las sabía al dedillo (convencionalmente, siete veces).

La literatura védica representa la vida y la cultura de los arios, un pueblo intrépido que se abrió camino por la fuerza hasta la Tierra de los Siete Ríos, ahora llamada India, dejando atrás un grupo que se asentó en Irán. Su sociedad se dividía al principio en dos grandes grupos: sacerdotes y guerreros. El sistema de cuatro castas vino después. La primera religión védica se caracterizaba por la adoración de deidades de la naturaleza, el fuego y los héroes. Posteriormente se desarrolló dando lugar a un elaborado sistema de sacrificios y rituales.

Los «libros de conocimiento» védicos se dividen en cuatro grandes grupos: cantos dirigidos a deidades (*Rg-Veda*), recitaciones que usar en sacrificios (*Yajur-Veda*), cantos que usar en sacrificios (*Sāma-Veda*) y fórmulas para magia y brujería, tanto negra como blanca (*Atharva-Veda*). El *Ṛg-Veda* y el *Atharva-Veda*, que representan la religión y la cultura de las clases educadas y de las masas, respectivamente, son textos básicos. Los otros dos, relacionandos principalmente con el ritual, son secundarios, pues presuponen la existencia de aquéllos. A cada una de estas colecciones se le asignan diversos grupos de obras: comentarios sobre sacrificios y rituales (*Brāhmaṇas*), reflexiones de ermitaños de los bosques (*Āraṇyakas*) y conocimientos transmitidos en encuentros íntimos (*Upaniṣads*).

Las *Upaniṣads*

Las *Upaniṣads* son obras dedicadas a la filosofía y los conocimientos esotéricos, que se remontan al 1500 a. C. Según ellas, la ejecución de rituales conduce sólo al Cielo, mientras que la filosofía, cuando ésta se vive, trae la liberación de las ataduras mundanas, incluidos el cielo y el infierno. Aunque de contenido filosófico, muchas de las *Upaniṣads* o partes de ellas se presentan en un marco narrativo. Son las fuentes definitivas de ideas que han influenciado el pensamiento indio a través de los tiempos, hasta la actualidad.

Hay diez *Upaniṣads* muy antiguas, y seis ligeramente menos. La alta estima en que se las tiene ha inspirado la composición de obras de imitación, incluidas algunas dedicadas exclusivamente al Yoga.

La corriente central del pensamiento *upaniṣádico* se centra en torno al concepto de un principio omnipresente (*brahman*) que subyace al universo, caracterizado por existencia, conciencia y gozo. En el mundo creado, es el alma del cuerpo de todas las criaturas. El alma sufre por aflicciones mundanas, pues ignora que es una con el principio omnipresente. Sin embargo, la comprensión de que es así la libera del sufrimiento mundano y la devuelve a su verdadera naturaleza, lo cual se llama liberación, la meta más elevada de la vida humana. Es la cuarta de un cuarteto de metas reconocidas por la filosofía india. Las otras tres (piedad, prosperidad y placer) son objetivos mundanos que reflejan inclinaciones humanas básicas; adolecen de la desventaja de la impermanencia. El filósofo opta por la liberación porque, una vez alcanzada, es permanente. El Yoga comparte esta visión con el filósofo.

De particular importancia para el Yoga son la *Kaṭha* y la *Śvetāśvatara Upaniṣads*. Las otras *Upaniṣads* principales citadas en este libro son la *Chāndogya* y la *Bṛhadāraṇyaka*.

El contenido filosófico de la *Kaṭha Upaniṣad* se presenta en un diálogo entre el dios de la Muerte y un muchacho precoz e inquisitivo. Trata de la naturaleza del alma y el estado de liberación. Como parte de su instrucción, al muchacho se le enseña el tema completo del Yoga. La historia que enmarca esta *Upaniṣad* y las doctrinas esenciales que enseña se exponen en la Unidad 2.

La *Śvetāśvatara Upaniṣad* revela familiaridad con los conceptos y la terminología del Yoga. Figuran algunos temas yóguicos: la elección de un lugar para practicar Yoga, la postura adecuada para la meditación, el control de la respiración, indicaciones del éxito de la práctica, y la meta final de lograr la inmortalidad en el sentido del *Haṭha* Yoga.

El *Bhagavad-Gītā*

El *Bhagavad-Gītā* es la obra filosófica más popular en la India, pues está concebida para la persona media que también tiene inclinaciones filosóficas. Consistente en 700 pareados que ocupan 18 capítulos, formaba parte originalmente de la gran epopeya, el *Mahābhārata* (400 a. C.-400 d. C.). Se presenta sobre el fondo de una gran guerra que constituye el tema central de la epopeya, y toma la forma de un diálogo entre dos personajes principales, Kṛṣṇa y Arjuna.

Illustraciones de Arjuna (izquierda) y Kṛṣṇa (derecha) provenientes de un *Bhagavad-Gītā*, sin fechar, custodiado en el Instituto Bhandarkar en la India.

Kṛṣṇa es el auriga de Arjuna, un príncipe del clan Pāṇḍava. La guerra está a punto de empezar entre los Pāṇḍavas y sus primos, los Kauravas. Arjuna está hundido en la melancolía ante el pensamiento de participar en la gran matanza de la inminente guerra. Anuncia su decisión de no luchar. Kṛṣṇa, como amigo, filósofo y guía de los Pāṇḍavas, diserta sobre todas las razones por las que Arjuna debe luchar, incluido el famoso argumento de que, matando el cuerpo, no destruimos el alma. Al final de la obra encontramos a Arjuna con su espíritu guerrero recobrado.

El *Bhagavad-Gītā* presenta muchos conceptos importantes: la acción sin motivos egoístas, el conocimiento de la Realidad, el Yoga, la devoción desinteresada y la renuncia de pensamiento, así como de obra. Todos se contemplan como medios de desarrollo espiritual.

En su explicación del Yoga, esta obra describe una postura sedente adecuada para la meditación, la rutina ideal y las prácticas para un Yogui, el supremo estado de meditación, las formas de controlar la mente, y el perfeccionamiento de la práctica del Yoga a través de varias reencarnaciones. El tema de un Yogui abandonando voluntariamente su cuerpo mortal a través del control respiratorio se corresponde con conceptos que se encuentran en el *Haṭha* Yoga que también se remontan a tiempos *upaniṣádicos*.

Escuelas filosóficas indias

La tradición filosófica india abarca una amplia gama de escuelas o sistemas, tanto ortodoxos como heterodoxos (como, por ejemplo, materialistas y budistas). Las escuelas ortodoxas reconocen la literatura védica como autoridad definitiva sobre asuntos que se hallan más allá de los medios mundanos de conocimiento. Hay seis escuelas ortodoxas; a saber:

Vedānta (que significa «la conclusión de los Vedas», es decir, las *Upaniṣads*). Esta escuela se funda en los conceptos que se encuentran en las *Upaniṣads* y los defiende.

Mīmāṃsā (que significa «el deseo de debatir»). Esta escuela cree que el ritual es la esencia de los Vedas, y desarrolla un sistema lógico de interpretación de textos que tratan del ritual.

Nyāya (que significa «la regla»). Esta escuela es principalmente un sistema de lógica; toma prestadas opiniones filosóficas que proceden, en su mayor parte, de la escuela *Vaiśeṣika*.

Vaiśeṣika (que aboga por el concepto de «particularidad», *viśeṣa*). Los *vaiśeṣikas* eran en esencia antiguos físicos que dividían el mundo en seis categorías: sustancia, cualidad, acción, género, relación particular y relación inherente. A éstos se añadió más tarde un séptimo concepto, el de la no existencia. El alma, en su esquema, se incluye en la categoría de sustancia. Los *vaiśeṣikas* no aceptan la existencia de Dios.

Sāṃkhya (de *saṃkhyā*, que significa «número» o «intelecto»). Aunque convencionalmente el nombre de esta escuela se refiere a su lista numerada de principios básicos, se refiere más apropiadamente (tomando el segundo significado) a su insistencia en la disciplina intelectual al presentar sus teorías. Divide el universo en 25 principios (los 24 productos de la Materia Primigenia, más el Espíritu o alma) y explica cómo el mundo material evolucionó surgiendo de la Materia Primigenia (véase Unidad 7, pág. 128). Toda la filosofía presentada en este libro como filosofía yóguica (la naturaleza del alma, el sufrimiento que nace de la ignorancia, la liberación a través del conocimiento discriminador) proviene, de hecho, del *saṃkhyā*. La única excepción es la idea de Dios, que es una opinión del Yoga.

Yoga (de *yuj*, que tiene diversos significados, incluyendo «meditar»). El significado básico de Yoga es «medio» (instrumento), del cual parecen haber surgido otros significados. Esta escuela estudia la mente y las formas de controlarla, pues este tema es crucial para las ideas de liberación y de cómo alcanzarla. Divide la mente en varios modos (conocimiento válido, conocimiento erróneo, conocimiento verbal o conceptualización, sueño profundo y recuerdo o memoria), explica cómo causa sufrimientos mundanos, y propone un plan óctuple para eliminarla y trascenderla.

Los textos básicos de todas estas escuelas pertenecen a los comienzos de la era cristiana. Se consideran tradicionalmente en tres parejas: *Vedānta* con *Mīmāṃsā*, *Sāṃkhya* con *Yoga*, y *Nyāya* con *Vaiśeṣika*. El *Vedānta*, el *Sāṃkhya* y el *Vaiśeṣika* son sistemas filosóficos, en el sentido de que tratan sobre metafísica. Los otros tres son disciplinas que contribuyen a sus homólogos, bien desarrollando la infraestructura intelectual de todos los sistemas (*Mīmāṃsā* y *Nyāya*), o bien explorando metódicamente su aspecto práctico (*Yoga*).

En la tradición filosófica sánscrita, son visibles tres tendencias: monismo, dualismo y pluralismo. El monismo caracteriza al *Vedānta* (incluidas las *Upaniṣads*), que aboga por un principio único consciente como esencia del mundo entero. El dualismo es el punto de vista de la escuela *Sāṃkhya* que defiende la Materia insensible y el Espíritu consciente como los dos principios fundamentales. El pluralismo caracteriza a la escuela *Vaiśeṣika*, que aboga por un infinito número de átomos insensibles como principio eterno y esencial del mundo material. El Yoga acepta la opinión del *Sāṃkhya* sobre cuestiones filosóficas. De los seis sistemas ortodoxos, nos interesan principalmente el *Sāṃkhya* y el Yoga, y en cierta medida el *Vedānta*. Aun teniendo diferentes opiniones (monismo frente a dualismo) sobre la naturaleza de la Realidad, la tríada *Sāṃkhya-Yoga-Vedānta* forma un grupo afín, debido a su acuerdo sobre otros puntos, como, por ejemplo, la naturaleza del alma, su liberación a través del conocimiento, etc.

Todas las escuelas ortodoxas, incluyendo las sectas teístas, reconocen al Yoga como disciplina crucial para la realización de la verdad fundamental como ellos la entienden, siendo el control de la mente el único medio de experimentarla. Por la misma razón, el Yoga es también adoptado en los sistemas heterodoxos.

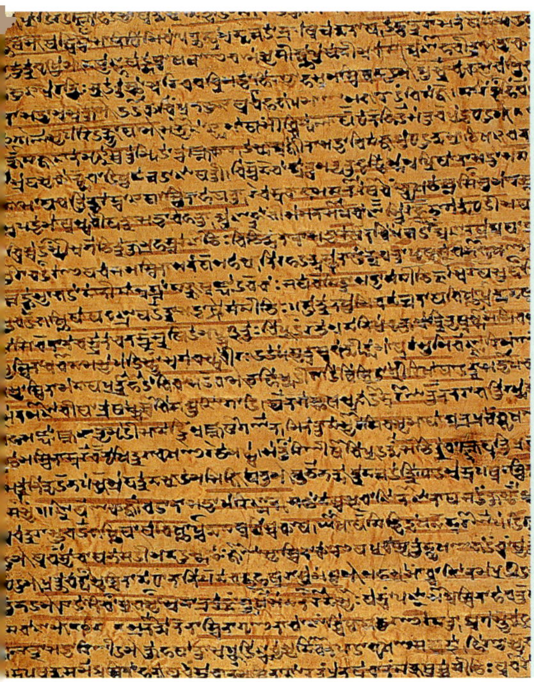

Manuscrito del *Ṛg-Veda* en corteza de abedul, proveniente de la colección del Instituto Bhandarkar. Está sin fechar, pero se dice que la literatura védica se remonta hasta 3000 a. C.

En resumen

La literatura védica se ha transmitido por tradición oral; su porción más antigua se remonta a más de cinco milenios.

El primer pueblo védico eran sacerdotes y guerreros. Algunos adoraban a deidades como Indra; otros se dedicaban a la magia.

Luego surgieron sistemas sacrificiales sumamente complejos; por ellos vinieron dos Vedas más y la literatura sobre el sacrificio.

Después fueron creadas obras llamadas *Upaniṣads* por buscadores de la Realidad; de ellas surgieron sistemas filosóficos, ortodoxos y heterodoxos.

De las cuatro metas de la vida humana, la liberación es la más elevada, pues de ella no hay vuelta atrás; se obtiene mediante el conocimiento.

El conocimiento se logra mediante el control mental. El control mental y su procedimiento constituyen el ámbito del Yoga. El Yoga es valorado por todas las filosofías.

Para una perspectiva más amplia...

Las escuelas de filosofía india

Una escuela de filosofía en la tradición india busca respuestas a cuatro preguntas básicas: (a) ¿Qué es este mundo? (b) ¿Qué soy yo? (c) ¿Qué es Dios? (d) ¿Cuál es la relación que guardan entre sí? Las respuestas a estas preguntas dependen de otra serie de preguntas: (I) ¿Cuáles son los medios del conocimiento? (II) ¿Cuál de ellos es superior o inferior a cuál?

Cada escuela intenta comprender los mundos externo e interno mediante tres medios principales de conocimiento: la percepción, la deducción y las escrituras o literatura revelada. La percepción es el conocimiento de los objetos directamente a través de los órganos de los sentidos (por ejemplo, vemos un libro, percibimos un olor, etc.). La deducción es el conocimiento de lo desconocido mediante indicaciones perceptibles o conocidas estrechamente asociadas con él (por ejemplo, vemos humo y deducimos la existencia de fuego). Las escrituras se dice que contienen el conocimiento intuitivo de videntes o profetas preservado oralmente o por escrito, o de ambos modos. Las escuelas ortodoxas de filosofía india clasifican la literatura védica (incluyendo las *Upaniṣads*) como escrituras.

Unidad 4

Las personas se matan entre sí por hambre. Proveniente de un manuscrito ilustrado fechado en 1648 d. C.

El Yoga en la vida

CAUSA Y EFECTO

La lámpara del Genio, una vez destapada,
liberado su espíritu encerrado, que se expandió
exponencialmente hacia arriba y hacia fuera
en la libertad, tan extensa como el espacio.

Ninguna coherción, engatusamiento o artimaña
podría devolver a su encierro al fugitivo;
pero, si el aire desapareciera aspirado de su espacio de
[firmamento
¿no se volvería a hundir en el vacío?

Es evidente en la vida diaria que las causas tienen efectos y que los efectos surgen de las causas.

La filosofía yóguica lleva este razonamiento más allá y afirma que el efecto yace latente en la causa, y que algo no puede surgir de la nada. En términos del mundo creado, la existencia no puede surgir de la no existencia. Como el mundo creado es material, todas las acciones y consecuencias ocurren dentro del fluir de las fuerzas de la naturaleza.[1]

Cuando nace un efecto, no es una nueva creación, sino que surge de lo que lo precedió, porque las barreras materiales que le impiden existir son eliminadas. No podemos forzar al agua a penetrar en las raíces de un cultivo ahogado por las malas hierbas; pero, si se arrancan las malas hierbas, el agua fluye hasta las raíces automáticamente.[2]

Este razonamiento se aplica también al nivel psicológico, pues la mente es parte de la naturaleza y sigue sus leyes. Las buenas y malas acciones no generan consecuencias, pero permiten que ocurran. Sin embargo, la mente es compleja y, a menos que se llegue a comprender plenamente, puede ser impredecible. Los factores ignorados pueden producir efectos desconocidos.

[1] *Yoga Sūtra 4.2*
[2] *Yoga Sūtra y Comentario 4.3*

Relajar el cuerpo

Las tensiones de la vida son absorbidas por el cuerpo y lo moldean en formas características: hombros redondeados (cargado de hombros), abdomen tenso y pecho hundido, por citar algunos ejemplos. También ejercen su efecto las lesiones, los hábitos de movimiento y el desgaste natural. Cuando el cuerpo se halla sometido a tal estrés, a la mente le resulta difícil encontrar libertad y tranquilidad. La relajación, en consecuencia, comienza por el cuerpo.

La profunda relajación física no ocurre meramente «soltando», como en el sueño, ni desplomándose, como en un sillón después de una jornada de trabajo. Éstos son respiros momentáneos que dejan básicamente inalteradas las duraderas huellas de tensión en el cuerpo.

En Yoga, el principio de relajación es erradicar estas huellas de tensión, lo cual se consigue sosteniendo el cuerpo con apoyos en diversas posturas, para que las áreas que estén tensas puedan encontrar alivio. Con la comodidad de un apoyo correctivo, los hombros pueden enderezarse, el abdomen relajarse y el esternón elevarse. Gradualmente, esta libertad postural se vuelve habitual y el cuerpo conserva la sensación de alivio durante las actividades diarias.

La práctica pasiva de posturas relajantes complementa la práctica activa, de modo muy parecido a como el ciclo de la vida diaria necesita incluir descanso además de actividad. Sin suficiente actividad durante el día, se deteriora la calidad del sueño; sin un descanso adecuado, los niveles de energía disminuyen, y el cuerpo y la mente no se renuevan. El exceso o la escasez de esfuerzo o de sueño producen desequilibrio. Por tanto, deben practicarse con regularidad las posturas reconstituyentes.

Las posturas reconstituyentes más sencillas son supinas. Implican echarse boca arriba con un soporte bajo la espalda y la cabeza mientras las piernas se flexionan en diversas posiciones. Este soporte de la espalda estimula al pecho a elevarse y a los pulmones a abrirse y recibir una mayor cantidad de oxígeno: un factor clave en la recuperación de energía.

La energía nerviosa abunda en el cerebro; sin embargo, su incesante rumor de pensamientos se calma apoyando la cabeza sobre un soporte, lo cual puede hacerse en diversas posturas. La ligera presión sobre la cabeza produce un efecto calmante similar al que se siente cuando se aprieta la cabeza con las manos. De este modo, la liberación constante de energía mental se reduce al mínimo. Permaneciendo en estas posturas, la mente se calma y serena.

Tanto el cuerpo como la mente necesitan tiempo para relajarse. Por esta razón, todas estas posturas tienen que mantenerse durante cierto tiempo, a menudo minutos. No es difícil, porque el cuerpo está apoyado en soportes. Con práctica, se hace posible mantenerlas cada vez más tiempo, incrementando así los beneficios.

Igual que en las sesiones de práctica vigorosa, las de posturas pasivas incluyen inversiones. En ésta se introduce una sencilla versión con apoyo de El Puente en Equilibrio sobre los Hombros (*Setu-Bandha-Sarvāṅgāsana*). En ella descansa ese gran depósito de tensión, la garganta. El efecto acumulativo de todas estas posturas tranquilas es una profunda Postura del Cadáver (*Śavāsana*), que se realiza, ella misma, con la espalda soportada, para que la respiración se profundice y se facilite.

मत्स्यासन *Matsyāsana*

Postura del Pez

En esta postura se disfruta una ligera sensación flotante cuando la espalda se eleva sobre un soporte.

Coloque un almohadón cilíndrico en el suelo. Siéntese con la espalda apoyada en un extremo y cruce las piernas simplemente. Échese sobre el almohadón. Coloque una manta doblada debajo de la cabeza y el cuello. Apoye los brazos junto al tronco. Respire acompasadamente y relájese.

Permanezca en la postura durante 2-3 minutos. Incorpórese y repita con las piernas cruzadas al contrario.

Ayuda

- **Si siente forzadas las articulaciones de las caderas o las ingles, coloque apoyos debajo de los muslos (véase Unidad 2, pág. 44).**
- **Si el almohadón lo siente demasiado alto, use una o dos mantas dobladas y dispuestas longitudinalmente.**

Para progresar

Tenga cuidado de colocar el tronco uniformemente repartido sobre el almohadón. Presione los hombros hacia abajo y alargue el cuello. Gire los brazos de modo que las palmas de las manos queden vueltas hacia arriba.

सुप्त-बद्धकोणासन

Supta-Baddha-Koṇāsana

Postura Supina del Ángulo Ligado

Una sensación de espacio y libertad en el abdomen nos revela un atisbo de verdadera relajación.

Siéntese de cara a una pared. Flexione las rodillas lateralmente y una las plantas de los pies. Gire hacia el exterior los dedos de los pies y presiónelos contra la pared. Desplace el tronco hacia las piernas, para que los talones se hallen lo más cerca posible del pubis. Tiéndase. Colóquese una manta doblada debajo de la cabeza y el cuello. Lleve los brazos por encima de la cabeza. Respire acompasadamente y relájese.

Manténgase en la postura durante 2-3 minutos. Una las rodillas, vuélvase de lado e incorpórese.

Ayuda

- **Para lograr una relajación más profunda, o si le resulta difícil tenderse boca arriba, colóquese un almohadón cilíndrico longitudinalmente debajo de la espalda. Mantenga los brazos junto al tronco.**
- **Si siente forzadas las articulaciones de las caderas o las ingles, colóquese apoyos debajo de los muslos.**

Para progresar

Acerque el tronco a las piernas. Nivele las rodillas.

अधोमुख-श्वानासन

Adho-Mukha-Śvānāsana

Postura del Perro, Boca Abajo

Mientras el cuerpo se estira, la cabeza se relaja: esta potente combinación de actividad y pasividad resulta extraordinariamente eficaz.

Arrodíllese delante de un almohadón cilíndrico, un bloque de madera u otro apoyo. Eleve las caderas y coloque las manos en el suelo a unos 60 cm delante de las rodillas. Extienda los dedos de las manos, enderece los brazos y estírelos hacia los hombros. Deben estar inclinados. Flexione los dedos de los pies.

Eleve las caderas y enderece las piernas. Desplace el tronco hacia ellas de modo que el cuerpo forme una V invertida. Apoye la cabeza en el soporte. Respire acompasadamente.

Permanezca en la postura entre 30 segundos y 1 minuto.

Flexione las rodillas y descienda. Arrodíllese y flexione el tronco. Incorpórese.

Para progresar

Mantenga tensos las rodillas y los codos. Estire los brazos y el tronco hacia arriba, de modo que la cabeza no soporte su peso. Transfiera el peso del cuerpo sobre las piernas.

Ayuda

- **Ajuste la altura del soporte para que la cabeza se apoye sobre él ligera y cómodamente.**

उत्तानासन *Uttānāsana*

Estira-miento Intenso

Mantenidos entre dos firmes soportes (las piernas estiradas y un asiento), el cuerpo y la cabeza se relajan.

Coloque una manta doblada sobre un taburete. Adopte *Tāḍāsana* (véase Unidad 1, pág. 19) a unos 30 cm delante de él. Separe entre sí los pies la anchura de las caderas. Espirando, flexione el tronco y apoye la cabeza y los brazos sobre el asiento. Mantenga verticales las piernas. Respire acompasadamente y relájese.

Permanezca en la postura durante 1-2 minutos. Inspire e incorpórese. Una los pies.

Para progresar

Mantenga tensas las rodillas y estire hacia arriba las piernas.

Ayuda

- **Si tiene rígida la espalda, separe más las piernas y ajuste la altura del soporte; por ejemplo, colocando encima mantas dobladas.**

अधोमुख-सुखासन *Adho-Mukha-Sukhāsana*

Postura Cómoda, con la Cabeza Baja

Una flexión de tronco muy sencilla, ¡pero que tiene un efecto enormemente relajante!

Siéntese sobre una o dos mantas dobladas delante de una silla o taburete. Flexione las rodillas y cruce sencillamente las piernas. Flexione el tronco y apoye la cabeza y los brazos en la silla. Respire de manera acompasada y relájese.

Permanezca en la postura durante 1-2 minutos. Cruce las piernas al contrario y repita.

Ayuda

- **Si la postura no es cómoda, ajuste la altura del soporte bajo la cabeza o las nalgas.**
- **Si siente forzadas las articulaciones de las caderas o las ingles, apoye los muslos en soportes.**

Para progresar

Aparte la silla un poco para no comprimir la cara anterior del tronco.

सेतुबन्ध-सर्वाङ्गासन

Setu-Bandha-Sarvāṅgāsana

El Puente en Equilibrio sobre los Hombros

Con la parte inferior de la espalda elevada sobre un soporte y una suave inclinación del tronco, la relajación resulta sorprendentemente fácil.

Siéntese sobre un almohadón cilíndrico colocado horizontalmente. Sujétese de los extremos.

Adelántese hasta que el cóccix se halle fuera del almohadón e inclínese hacia atrás.

Tiéndase de manera que la parte inferior de la espalda se halle apoyada en el almohadón y la cabeza y los hombros sobre el suelo. Extienda las piernas. Lleve los brazos por encima de la cabeza. Respire de manera acompasada y relájese. Mantenga la postura entre 2 y 5 minutos. Para descender, baje del almohadón deslizándose hacia atrás. Una vez sentado con las piernas cruzadas, flexione y apoye la cabeza en el almohadón.

Ayuda

- **Desplácese hacia atrás o hacia delante sobre el almohadón para conseguir una posición cómoda.**
- **Si siente forzada la espalda, eleve los pies apoyándolos sobre un soporte.**

Para progresar

Incremente la altura del soporte situado bajo la espalda.

विपरीत-करणी-मुद्रा *Viparīta-Karaṇī-Mudrā*

Posición de Acción Inversa

Nada mejor que esta postura para recuperarse de la fatiga.

Coloque longitudinalmente un almohadón cilíndrico pegado a una pared. Mantenga cerca una manta. Siéntese de lado sobre el almohadón, con la nalga derecha apoyada en la pared.

Inclínese hacia atrás y eleve primero una pierna y luego la otra sobre la pared, pivotando a la vez el tronco, para quedar perpendicular a la pared.

Tiéndase boca arriba, de manera que la parte inferior de la espalda y la cintura se hallen sobre el almohadón, y la cabeza y los hombros sobre el suelo. Extienda las piernas. Colóquese la manta debajo de la cabeza y el cuello. Lleve los brazos por encima de la cabeza. Respire acompasadamente y relájese.

Permanezcaca en la postura durante 5-6 minutos. Para descender, baje del almohadón deslizándose hacia atrás y vuélvase de lado.

Para progresar

Presione las caderas contra el almohadón, para que la parte inferior del abdomen se incline ligeramente hacia la pared.

Coloque una o dos mantas dobladas encima del almohadón, para que el pecho se expanda más.

Ayuda

- **Las personas altas puede que hayan de apartar ligeramente el almohadón de la pared y colocar mantas encima de él.**

शवासन *Śavāsana*

Postura del Cadáver

La relajación es rápida y profunda cuando se eleva la espalda sobre un soporte.

Siéntese sobre el suelo con un almohadón cilíndrico detrás de la espalda. Tiéndase sobre él, asegurándose de que el cuerpo se halle en línea recta. Coloque una manta doblada sobre el almohadón debajo de la cabeza y el cuello. Estire las piernas y luego déjelas caer hacia los lados. Presione los hombros hacia abajo y recoja los omóplatos. Gire los brazos de modo que los bíceps queden vueltos hacia arriba. Estire los brazos y déjelos caer a los lados. Relaje las manos, dejando que los dedos se recojan solos sin tensión. Cierre los ojos y relaje el rostro.

Permanezca en la postura durante 5-10 minutos. Vuélvase de lado, baje rodando del almohadón e incorpórese.

Ayuda

- **Si el almohadón es demasiado alto para estar cómodo, use una o dos mantas dobladas en forma de tira estrecha.**

Para progresar

No se hunda en el almohadón; disponga la espalda ligeramente cóncava para que el pecho se eleve.

Relaje continuamente el rostro y los órganos de los sentidos: ojos, orejas, nariz, lengua y piel. Relaje la garganta.

Las principales escuelas de Yoga

CONCEPTOS CLAVE

Inmortalidad En la tradición del *Haṭha* Yoga, significa escapar a la muerte mientras se mantiene el mismo cuerpo con el que hemos nacido, lo cual puede lograrse, según sostiene esta escuela, aprisionando el aliento en el cuerpo principalmente a través de la práctica del control respiratorio (*prāṇāyāma*), pues la muerte implica el abandono del cuerpo por parte de la respiración. En la literatura *upaniṣádica*, sin embargo, inmortalidad suele emplearse en el sentido de liberación.

En las Unidades anteriores, hemos visto cómo se inicia la búsqueda filosófica y cómo su campo de investigación puede dividirse en los mundos externo e interno.

Mediante esta búsqueda, los antiguos pensadores indios llegaron a la conclusión de que el principio subyacente a ambos mundos es el mismo. Lo que se halla dentro también se halla fuera. Esta perspectiva se conoce como monística. Sin embargo, la perspectiva filosófica del Yoga es dualística: considera que los principios que sustentan los dos mundos son básicamente distintos: el principio interno es fundamentalmente conciencia, el observador, el sujeto, el alma; el principio externo es material, lo observado, el objeto, la Materia. El Yoga trata de averiguar las causas de los sufrimientos del alma y la forma de erradicarlos. Es en el segundo aspecto, la eliminación de los sufrimientos, donde reside la contribución del Yoga a la filosofía.

El concepto de Yoga nos ha sido transmitido a través de dos corrientes principales: el *Rāja* Yoga y el *Haṭha* Yoga. El primero representa el Yoga según lo concebía Patañjali, y el segundo según lo concebían maestros como Matsyendra y otros conocidos sólo a través de la leyenda. Los nombres por los cuales las dos escuelas son hoy reconocidas no se encuentran en obras más antiguas, aunque, como ya se ha indicado, se hallan rastros de ambas en la literatura *upaniṣádica*. El nombre *Haṭha* Yoga probablemente naciera por su perspectiva y prácticas características (abajo reseñadas); el nombre *Rāja* Yoga cabe suponer que se pusiera en boga para contrastar su carácter con la escuela *Haṭha.* Una tercera rama, el *Tantra,* coincide en cierta medida con el *Haṭha* Yoga.

Rāja Yoga

El *Yoga Sūtra* de Patañjali es la fuente definitiva sobre *Rāja* Yoga. Esta obra, que data del siglo II a. C., consiste en 194 aforismos (195 según algunos) y se divide en cuatro capítulos, que tratan en general de meditación (*samādhi*), ayudas al Yoga (*śādhana*), poderes (*vibhūti*) y liberación (*kaivalya*).

El primer capítulo define conceptos básicos de Yoga y proporciona una visión global del recorrido del Yoga de principio a fin.

El segundo capítulo especifica ocho ayudas del Yoga (véase Unidad 12) y detalla las cinco primeras.

El tercer capítulo trata las tres ayudas finales y los poderes milagrosos alcanzados a medida que la práctica avanza. Patañjali, sin embargo, advierte al discípulo de yoga contra dejarse seducir por estos poderes y perder el principal objeto del Yoga, es decir, la liberación.

El último capítulo explica los conceptos de sometimiento al mundo, liberación, acciones y las huellas de la memoria asociadas con ellas. Concluye con la opinión del *Sāṃkhya*-Yoga respecto a la naturaleza del alma, y un examen de las opiniones contrarias de escuelas filosóficas rivales, principalmente las budistas.

Aunque encaminado a la pureza y el control de la mente, el Yoga de Patañjali tiene que tratar de dichos aspectos físicos que contribuyen al control de la mente. Esto deja espacio para las posturas yóguicas y el control respiratorio, la tercera y la cuarta de las ayudas del Yoga en el esquema de Patañjali. Estas ayudas adquirieron suma importancia en la otra escuela, el *Haṭha* Yoga.

Haṭha Yoga

El principal texto de *Haṭha* Yoga es el *Haṭhayoga-Pradīpikā* de Svātmārāma (siglo XV d. C.). Escrito en verso sánscrito lírico (389 versos), la obra se divide en cuatro capítulos.

El primer capítulo trata de las posturas (*āsanas*). Después de dar indicaciones respecto al lugar adecuado para la práctica del Yoga y nombrar a 34 maestros, ofrece instrucciones detalladas para 15 posturas y se refiere de pasada a 84.

El segundo capítulo está dedicado al entrenamiento de la respiración (*prāṇāyāma*). Describe ocho variantes (como, por ejemplo, la respiración profunda y la respiración por fosas nasales alternas) y seis procesos depurativos como prácticas preparatorias para personas con exceso de grasa corporal.

El tercero y más largo capítulo trata de posiciones (*mudrās*). Incluye algunas prácticas sexuales y ocultas orientadas a despertar la energía espiritual conocida como *kuṇḍalinī*, que yace aletargada en la base de la columna como una serpiente dormida. Una vez despierta, esta energía es canalizada hasta la coronilla, proceso que se cree hace inmortales a los practicantes. La advertencia de que esta doctrina es un secreto celosamente guardado y debe obtenerse de un maestro autorizado, se repite en este texto casi como una cantilena.

El cuarto capítulo trata en general de la meditación (concentración de la mente sobre un objeto mental escogido). Esto implica pensar continuamente en el objeto elegido excluyendo los demás objetos. En este sentido la práctica puede compararse con la explicada por el *Rāja* Yoga. Se dice que con los progresos en el entrenamiento respiratorio aparece la conciencia de un sonido interno (*nāda*). La introducción más sencilla a este concepto es el sonido que oímos al taparnos los oídos con las manos. Escucharlo ayuda a desarrollar el hábito de la concentración. El sonido interno se asemeja progresivamente al de una nube, el mar, un tambor, una caracola, una campana, una flauta, una abeja, etc. Se aconseja al practicante que se concentre preferentemente en sonidos sutiles, mejor que en sonidos altos. Esto impide a la mente saltar de objeto a objeto.

Svātmārāma intenta relacionar el *Haṭha* Yoga con el *Rāja* Yoga de Patañjali considerándolo como un camino hacia el segundo. Sin embargo, su obra, más que filosófica, es práctica, y resulta difícil, por tanto, establecer una comparación de doctrinas. De sumo interés en este texto es el detalle de *āsana* y *prāṇāyāma*, que supera ampliamente lo que Patañjali dice sobre ellos.

Esta escuela se propone alcanzar la inmortalidad preservando el cuerpo mediante prácticas ocultas; en el *Haṭha* Yoga se cree que los maestros antiguos vencieron a la muerte y siguen «paseándose» por este mundo, entendiéndose que en los mismos cuerpos con los que ellos nacieron. Esto contradice la afirmación inicial de Svātmārāma de que el objeto del *Haṭha* Yoga es allanar el terreno para el *Rāja* Yoga.

Tantra Yoga

Hay una tercera rama del Yoga que puede remontarse hasta tiempos igualmente antiguos. Se conoce como Tantra, que significa «doctrina», y se caracteriza fundamentalmente por prácticas mágicas y místicas. Muchas escuelas de esta rama toman prestados conceptos —por ejemplo, los canales de energía (*nāḍīs*)— de la teoría del *Haṭha* Yoga sobre la estructura física humana, y les superponen sus propias técnicas para el control corporal, las cuales incluyen la adoración a dioses amistosos y feroces, que implica diagramas místicos (mandalas), y la salmodia entre dientes de cánticos con sílabas y sonidos sagrados, que se cree poseen potencia mágica. A estas técnicas se añaden conceptos místicos como los centros energéticos (chakras) del cuerpo situados a lo largo de toda la columna vertebral, los cuales se imaginan en forma de lotos con diverso número de pétalos. Estos centros son importantes en el ideal del *Haṭha* Yoga de despertar el «poder de la serpiente» (*kuṇḍalinī*). Algunas escuelas tántricas incluyen en sus ritos sagrados prácticas ocultas que no son aceptadas por la sociedad dominante. Algunas de estas prácticas también se encuentran en el *Haṭha* Yoga, lo cual muestra que existen coincidencias o una frontera poco clara entre ambas escuelas.

Vyāsa, autor del *Bhagavad-Gītā* y comentarista de los *Yoga Sūtras*.

En resumen

La semilla del Yoga son las *Upaniṣads*. Se convirtió en un árbol en los aforismos de Patañjali.
Floreció y fructificó en el comentario de Vyāsa, y en elucidaciones y disertaciones.

Trepando por el árbol llamado *Rāja* Yoga, un yogui, a través de la meditación, funde su mente con la Materia Primigenia y alcanza la liberación.

El yogui resuelto a entrenar la respiración, que trepa el árbol llamado *Haṭha* Yoga, se mueve en el mundo y disfruta de inmortalidad.

Se habla de estos dos caminos en las escrituras; a través de uno de ellos, el Alma
se libera de la Materia; a través del otro, es la señora de la Materia.

Tanto si el Alma es la señora como la vasalla de la Materia, hay
contacto con la mente; al estar libre de contacto, la liberación es la vía suprema.

Para una perspectiva más amplia...

La forma versificada en la literatura sánscrita

En la tradición erudita sánscrita no es infrecuente encontrar obras serias en verso; nos referimos a composiciones que contienen unidades de cuatro versos de estructuras rítmicas regulares. Una obra en verso, por tanto, no tiene por qué ser de contenido poético. La razón para el empleo del verso es que facilita la memorización del texto. El *Bhagavad-Gītā*, algunas *Upaniṣads*, el *Haṭha* Yoga *Pradīpikā* y otros textos de *Haṭha* Yoga se hallan en verso.

El estilo aforístico en la tradición sánscrita

El estilo aforístico, consistente en afirmaciones concisas sobre un tema, se desarrolló singularmente en la tradición literaria sánscrita. Desde el siglo VIII a. C., se escribieron obras básicas en este estilo sobre todos los temas principales, conocidas por el mundillo erudito contemporáneo, la mayoría de ellas hacia el comienzo de la era cristiana. Los *Sūtras* de Patañjali sobre Yoga pertenecen a esta época.

Sūtra es la palabra sánscrita para aforismo. Su significado primario es «hebra» o «hilo», y el papel de un texto en *sūtras* en la presentación de un tema se compara con el de una hebra en el tejido de una guirnalda. Proporciona las enseñanzas básicas y los argumentos que las vinculan. La guirnalda es el comentario principal sobre el texto básico. Es una obra explicativa que resulta indispensable para una plena comprensión del tema. Tales comentarios han dado lugar a sucesivos subcomentarios que explican palabras, frases y puntos de los comentarios principales. El texto en *sūtra* puede confiarse a la memoria con un esfuerzo mínimo. Este método de memorización sigue de moda hoy día (aunque amenazado por el moderno sistema educativo), representando una tradición de aprendizaje ininterrumpida.

Las principales obras sobre *Rāja* Yoga

AUTOR, FECHA Y OBRA

Patañjali (150 a. C.), *Yoga Sūtra* (*YS*)
Vyāsa (300–400 d. C.), Comentario (*Bhāṣya*) sobre el *YS*
Vācaspati-miśra (850 d. C.), Comentario sobre el *Bhāṣya* de Vyāsa
Bhoja (1050 d. C.), Comentario sobre el *YS*
Vijñāna-bhikṣu (1550 d. C.), Comentario sobre el *YS*
Nāgeśa-bhaṭṭa (1725 d. C.), Comentario sobre el *YS*
Anónimo, *Yoga Upaniṣads* (varias)

Las principales obras sobre *Haṭha* Yoga

AUTOR, FECHA Y OBRA

Gorakṣanātha (ss. XII-XIII d. C.?), *Gorakṣa Śataka*
Svātmārāma (s. XV d. C.), *Haṭha Yoga Pradīpikā*
Gheraṇḍa (s. XVII d. C.?), *Gheraṇḍa Saṃhitā*
Anónimo, *Śiva Saṃhitā*
Anónimo, *Yoga Upaniṣads* (varias)

Unidad 5

Viñetas mostrando la diversidad de la vida. De un manuscrito ilustrado del *Bhāgavata Purāṇa* fechado en 1648 d. C.

El Yoga en la vida

CAMBIO Y CONSTANCIA

La oscuridad deja a su paso
una estela de sombra;
aunque venga la mañana

el sol que entra a raudales
no dispersa
de las profundidades más
[insondables
el rastro de la noche.

Nada en este mundo es absolutamente puro; en todo hay una mezcla de cualidades y componentes.

Según la filosofía del Yoga, se debe a que, por debajo del mundo material, existen tres cualidades inseparables: iluminación, actividad e inercia.[1] Es el entrelazamiento de las tres en diferentes proporciones lo que da lugar a la variedad de fenómenos de la creación.[2] La mente se incluye en esta categorización. Representa la cualidad de la iluminación, mientras que los objetos sólidos incorporan la cualidad de la inercia.

Estas cualidades se hallan por naturaleza en un estado de cambio continuo. Por tanto, las etapas, acontecimientos y circunstancias del ciclo vital son siempre efímeros. Esto se aplica por igual a los estados psicológicos.

Mientras que la mente material es cambiante, el alma espiritual es inmutable. La mente se considera el instrumento del alma, permitiéndole experimentar la vida. Pero, desde el punto de vista del Yoga, también posee una capacidad y un propósito más elevados: la realización espiritual.[3] Y para ello la mente cambiante tiene que alcanzar la constancia de lo inmutable.

---

[1] *Yoga Sūtra 2.18*
[2] *Comentario sobre el Yoga Sūtra 2.18*
[3] *Yoga Sūtra 2.18*

Mover las caderas

En los movimientos diarios, la articulación de las piernas dentro de las articulaciones de las caderas suele ser limitada. Las acciones de mantenerse en pie, caminar, correr, arrodillarse, acuclillarse y sentarse en sillas requieren, todas ellas, una posición en la que el fémur quede de frente dentro de la articulación. La rotación externa del muslo se requiere sólo al sentarse con las piernas cruzadas en el suelo y en movimientos realizados deliberadamente, como en danza o Yoga.

Pero el potencial de movimiento en las caderas es mayor de lo que sugerirían los movimientos rutinarios, y el precio que se paga por la infrautilización es elevado. Las articulaciones de la cadera forman una unidad compleja con la pelvis, que a su vez alberga la base de la columna vertebral. Cuando las caderas se vuelven rígidas, también lo hace la parte inferior de la espalda, lo cual, a su vez, reduce la movilidad de toda la columna e incrementa las probabilidades de dolor.

Cuando el cuerpo cambia de posición, suelen ser las piernas las que proporcionan el impulso de movimiento y la pelvis la que permanece relativamente estática; esto refuerza la tendencia de la parte inferior de la espalda hacia la inflexibilidad. El Yoga enfoca innovadoramente este problema. En ciertas posturas, la pelvis tiene que moverse mientras las piernas se mantienen estables, lo cual reduce la tensión de la parte inferior de la espalda y las caderas, incrementando así la amplitud del movimiento.

Las posturas en pie son especialmente eficaces a este respecto. En todas ellas, las piernas se mantienen firmes después de haberse rotado, sobre todo la pierna posterior, que siempre se mantiene recta. Algunas posturas en pie, como *Trikoṇāsana* y *Pārśvakoṇāsana*, exigen el movimiento lateral de las caderas partiendo de la posición erguida. En *Vīrabhadrāsana* 2, la pelvis se mantiene vertical deliberadamente a fin de impedir el hundimiento hacia el frente o el costado.

En *Vīrabhadrāsana* 1 y *Pārśvottānāsana*, las caderas se rotan 90 grados respecto al frente. Esto requiere un intenso giro de la pelvis en contra de las piernas. En esta última postura, la pelvis también se flexiona hacia delante sobre las piernas.

De la mano de la libertad en las articulaciones de la cadera, viene la relajación del área inguinal. La tensión en las ingles dificulta la facilidad de la zancada y es probable forzarlas. Separar ampliamente las piernas en las posturas en pie estira esta región. Esto también se consigue en la Postura del Pez (*Matsyāsana*), una posición supina en la que las piernas se cruzan simplemente.

Cuando las caderas se mueven en diversas direcciones, se vuelven ágiles. La ligereza de las caderas se desarrolla más aún en *Sarvāṅgāsana*, en la que el cuerpo se invierte y estira hacia arriba en vertical sostenido por los brazos y los hombros. Los músculos de la región lumbar se entrenan para alzar el tronco y las piernas en contra de la gravedad, y así, se fortalecen.

Mantener el impulso ascendente de esta postura requiere tiempo y práctica. Sin embargo, la espalda disfruta del alivio de la tensión de tener que mantenerse vertical por sí sola. Una postura que aporta el beneficio de la inversión espinal sin esfuerzo es el Medio Arado (*Ardha-Halāsana*). En esta asana, las piernas se llevan por encima de la cabeza y se apoyan en un soporte. La cabeza, la espalda y las piernas se relajan con toda tranquilidad, preparando el cuerpo y la mente para una profunda relajación en Postura del Cadáver (*Śavāsana*).

ताडासन *Tāḍāsana*

Postura de la Montaña o de la Palmera

Las caderas mantenidas firmemente son una clave de esta postura; a menos que las caderas se activen, se quedan laxas, además de rígidas, y el cuerpo pierde la alineación.

Siga el método indicado en la Unidad 1 (pág. 19).

Para progresar

Contraiga las caderas (los lados de la pelvis) y traccione la pelvis hacia arriba. Al mismo tiempo, alargue la parte inferior de la espalda apartándola de la cintura y tire del cóccix hacia dentro.

त्रिकोणासन *Trikoṇāsana*

Postura del Triángulo

El empleo de un ladrillo como soporte en esta postura ayuda al tronco a elevarse en vez de hundirse hacia el suelo. Esto, a su vez, genera espacio para que las caderas y el tronco se giren eficazmente.

Siga el método indicado en la Unidad 2 (pág. 36).

Para progresar

Gire la pierna derecha hacia fuera desde el tobillo hasta el muslo. Adelante la nalga derecha y atrase la cabeza para introducir el cuerpo en un plano. Eleve la cadera izquierda intensamente hacia arriba de modo que la pelvis y la caja torácica se giren en el mismo grado.

पार्श्वकोणासन *Pārśvakoṇāsana*

Postura del Ángulo Lateral

El ladrillo proporciona altura al brazo de apoyo, y por tanto elevación y ligereza al tronco. Con más espacio en el que maniobrar, las caderas y la caja torácica pueden girar mejor.

Siga el método indicado en la Unidad 2 (pág. 38).

Para progresar

Adelante la nalga derecha y presione la rodilla derecha contra el brazo derecho. Presione hacia atrás el muslo izquierdo. Con la ayuda del brazo y el hombro derechos, adelante el costado derecho del tronco. Con la ayuda del brazo izquierdo extendido, atrase el costado izquierdo del tronco.

वीरभद्रासन २ *Vīrabhadrāsana 2*

Postura del Guerrero 2

Como la posición de un guerrero listo para la acción, esta postura esconde su dinamismo mientras parece estática.

Siga el método indicado en la Unidad 2 (pág. 40).

Para progresar

Adelante la nalga derecha y atrase la rodilla derecha. Ponga rígida la pierna posterior. Eleve las caderas apartándolas de las piernas. Mantenga la cadera izquierda traccionada hacia atrás y hacia la izquierda para impedir que la pelvis se incline hacia la derecha o hacia abajo.

Eleve la caja torácica apartándola de la cintura.

वीरभद्रासन १ *Vīrabhadrāsana 1*

Postura del Gue-rrero 1

Esta postura imita a un guerrero que gira su torso en redondo sin perder estabilidad ni potencia en las piernas.

Adopte *Tāḍāsana* (véase Unidad 1, pág. 19). Inspire profundamente y separe los pies de un salto 120-135 cm, extendiendo al mismo tiempo lateralmente los brazos a la altura de los hombros, con las palmas de las manos vueltas hacia abajo. Alinee los pies y póngalos paralelos. Coloque las manos sobre las caderas.

Gire 45-60 grados hacia dentro el pie izquierdo, y el pie derecho 90 grados hacia fuera. Al mismo tiempo, gire el tronco hacia la derecha. Alinee el centro del talón derecho con el centro del arco plantar izquierdo. Gire hacia dentro la pierna izquierda, en la dirección del pie. Tense las rótulas y tire hacia arriba de la musculatura de los muslos.

Espire y flexione la pierna derecha para formar un ángulo recto, con la espinilla vertical y el muslo horizontal. Mantenga vertical el tronco. Atrase la cabeza y mire hacia el techo. Respire de manera acompasada y sin forzar.

Permanezca en la postura durante 20-30 segundos. Inspirando, incorpórese. Gire los pies hacia el frente y descanse los brazos. A continuación, repita por el otro lado.

Inspirando, incorpórese. Ponga los brazos en horizontal. Espire y una los pies de un salto, bajando al mismo tiempo los brazos.

Para progresar

Presione contra el suelo el borde externo del pie izquierdo. Eleve y estire la cara interna de la pierna desde el tobillo hasta la ingle.

Desplace la rodilla derecha más hacia la derecha, para alinearla con la cadera.

Atrase la pelvis, para que el abdomen no se incline hacia el muslo derecho. Eleve las caderas, la caja torácica y el esternón. Estire las caras laterales de las costillas, pero no alce los hombros.

उत्तानासन *Uttānāsana*

Estiramiento Intenso

Mientras las piernas se estiran, la cabeza y el corazón descansan, pues se hallan invertidos, haciendo de ésta una postura reconstituyente.

Adopte *Tāḍāsana* (véase Unidad 1, pág. 19). Separe los pies la anchura de las caderas, manteniéndolos paralelos. Cójase de los codos. Inspire y lleve los brazos por encima de la cabeza. Estire hacia arriba las piernas, el tronco y los brazos.

Manteniendo firmes las rodillas, espire y flexione el tronco sobre las piernas a partir de las caderas. Relaje la cabeza.

Permanezca en la postura durante 20-30 segundos. Inspire e incorpórese. Suelte los brazos y una los pies.

Para progresar

Traccione intensamente la musculatura de los muslos hacia las ingles para flexionarse mejor en las caderas.

Traccione con firmeza los codos hacia abajo a fin de alargar los costados del tronco.

अर्ध-उत्तानासन *Ardha-Uttānāsana*

Medio Estiramiento Intenso

La pelvis forma un ángulo recto exacto con las piernas para generar la extensión óptima de columna.

Siga el método indicado en la Unidad 2 (pág. 41).

Para progresar

Traccione intensamente la musculatura de los muslos hacia las ingles. Eleve los ísquiones y presione hacia abajo la pelvis, sin hundirse en la cintura. Presione hacia abajo la columna torácica, especialmente entre los omóplatos. Alargue la cara anterior del tronco.

वीरभद्रासन ३ *Vīrabhadrāsana 3*

Postura del Guerrero 3

Equilibrio y empuje son los sellos distintivos de esta postura, incluso cuando se realiza con apoyo.

Adopte *Ardha-Uttānāsa*, siguiendo el método indicado en la pág. 41.

Eleve posteriormente la pierna izquierda, manteniendo firme la rodilla y el pie extendido, hasta que se halle paralela al suelo. No alce la cadera, la nalga ni el costado del tronco izquierdos. No flexione los codos. Respire acompasadamente.

Permanezca en la postura durante 20-30 segundos. Baje la pierna. Inspire e incorpórese. Repita por el otro lado.

Para progresar

Traccione intensamente hacia arriba la musculatura del muslo derecho. Controle la cadera izquierda apartando de la columna esa nalga. Afirme el tobillo izquierdo.

पार्श्वोत्तानासन *Pārśvottānāsana*

Estira-miento Lateral Intenso

Una dirección lateral se añade a este estiramiento de las piernas y la columna.

Colóquese en pie a unos 90 cm de una repisa que tenga la altura de las caderas, con el costado derecho de frente a ella. Separe las piernas 105-120 cm. Póngase las manos en las caderas. Gire el pie izquierdo 45-60 grados hacia dentro y el pie derecho 90 grados hacia fuera. Gire las caderas de modo que el tronco quede de frente a la repisa.

Flexione el tronco a partir de las caderas y coloque las manos en la repisa. Mantenga las rodillas tensas y estire hacia arriba las piernas. Atrase ligeramente las caderas y baje el tronco sin flexionar los codos.

Permanezca en la postura durante 20-30 segundos. Inspirando, incorpórese. Repita por el otro lado.

Para progresar

Traccione hacia arriba los músculos de ambas piernas. Baje la cadera izquierda para nivelarla con la derecha. Desplace la pelvis ligeramente hacia la izquierda para que la columna forme una línea recta.

अधोमुख-वीरासन *Adho-Mukha-Vīrāsana*

Postura del Héroe, Boca Abajo

Flexionar las caderas es una clave para esta sencilla postura relajante.

Siga el método indicado en la Unidad 2 (pág. 42).

Para progresar

Presione hacia abajo las caderas. Adelante más las manos y alargue los costados y la cara anterior del tronco. Presione hacia abajo la columna torácica, especialmente entre los omóplatos.

शयित-ऊर्ध्व-हस्तासन *Śayita-Ūrdhva-Hastāsana*

Estiramiento de Brazos en Tendido Supino

La región lumbar se elonga en el suelo para lograr la alineación de este estiramiento.

Siga el método indicado en la Unidad 2 (pág. 43).

Para progresar

Antes de estirarse, pásese las manos por debajo de las nalgas y apártelas de la cintura. Mantenga bajas las caderas durante el estiramiento.

मत्स्यासन *Matsyāsana*

Postura del Pez

Las caderas y las ingles se abren en esta postura, relajando la parte inferior del abdomen.

Siga el método indicado en la Unidad 2 (pág. 45).

Para progresar

Estire los brazos a partir de los hombros.

सर्वाङ्गासन *Sarvāṅgāsana*

Equilibrio sobre los Hombros

Sorpresa y placer suelen ser las reacciones ante la inversión del cuerpo sin apoyos por primera vez.

Advertencias

No practique esta postura durante la menstruación o si padece hipertensión arterial (tensión alta), una lesión cervical, desprendimiento de retina u otros problemas oculares.

Si se produce presión en la cabeza, los ojos, el cuello o la garganta, descienda, reajuste la cabeza, el cuello y los hombros en la posición de partida y vuelva a intentarlo. Si la presión persiste, consulte a un profesor/a.

Doble tres o cuatro mantas y colóquelas una encima de la otra con los pliegues doblados bien igualados hacia un lado (véase «Ayuda» en la pág. siguiente). Tiéndase de espaldas con los hombros sobre el borde plegado del juego de mantas y la cabeza sobre el suelo. Aparte los hombros del cuello y recoja los omóplatos, como introduciéndolos en el tronco. Estire los brazos apartándolos de los hombros. Flexione las piernas, manteniendo los pies sobre el suelo.

Flexione las rodillas sobre el abdomen.

Eleve las caderas y sostenga la espalda con las manos.

Eleve más el tronco, bajando las manos por la espalda y acercando entre sí los codos para conseguir un mejor soporte.

Extienda las piernas hacia arriba y disponga el tronco lo más vertical posible.

Permanezca en la postura entre 1 y 5 minutos. Flexione las piernas, espire y descienda suavemente deslizándose.

Ayuda

- **Al doblarlas, las mantas deben quedar más anchas que los hombros y más largas que los brazos (del codo al hombro). El soporte de la manta previene la compresión del cuello y la garganta.**

Para progresar

No fuerce el tronco para adoptar una posición vertical. Esta postura viene con el tiempo y la práctica.

अर्ध-हलासन *Ardha-Halāsana*

Postura del Medio Arado

Cuando los muslos se apoyan en un taburete en esta postura, la columna queda suspendida cabeza abajo; aliviada de sus funciones de sostenimiento del peso corporal, se alarga y se relaja.

Adopte *Sarvāṅgāsana* (págs. 92-93), colocando un taburete de media altura ligeramente apartado de la cabeza. Flexione las piernas y apoye en él los muslos. Si es preciso, acérqueselo más. Lleve los brazos sobre la cabeza. Relájese.

Permanezca en la postura 2-5 minutos. Flexione las rodillas, baje los muslos del taburete desplazándolos despacio hacia atrás y empújelo para apartarlo. Descienda con suavidad.

Ayuda

- **Si siente el tronco comprimido, eleve la altura del soporte del taburete colocando encima de él mantas dobladas o un almohadón cilíndrico.**

Para progresar

Ajuste el cuerpo de manera que las partes altas de los hombros se apoyen en las mantas. Eleve el tronco para que no se hunda. Sostenga la espalda con las manos si esto le resulta más cómodo.

शवासन *Śavāsana*

Postura del Cadáver

En esta postura, se elimina la fatiga del esfuerzo y se renueva la mente.

Siga el método indicado en la Unidad 1 (pág. 21).

Para progresar

Alargue las piernas deliberadamente, apartándolas de las caderas antes de relajarlas. Asimismo, alargue los brazos apartándolos de los hombros. No deje que las extremidades se contraigan contra el tronco.

La Realidad Suprema

CONCEPTO CLAVE

Conocimiento En el contexto filosófico, el término conocimiento, en afirmaciones como «el conocimiento conduce a la liberación», no implica mera información intelectual, sino experiencia real o «realización» (aunque la información sin duda allana el terreno para la experiencia). Es como la diferencia entre comprender el sentido de la palabra «dulce» y saborear algo dulce.

Los sistemas filosóficos indios consideran la vida mundana como una trampa en la cual el alma se halla prisionera y tratan de encontrar una manera para que se libere. La trampa funciona debido a que el alma no sabe que aquélla está fuera de ella misma; la noción errónea de que la vida mundana es intrínseca al alma se debe a su ignorancia de su propia naturaleza. Esta ignorancia lleva al alma a considerar como propia cualquier travesura o daño que provoque la trampa. En cuanto comprende la Realidad, se libera de la trampa. Esto es, en suma, lo que las escuelas filosóficas indias se esfuerzan por investigar y establecer de manera racional.

La filosofía y el máximo factor común

La investigación de la Realidad consiste, tomando prestado un término de las Matemáticas, en encontrar el máximo factor común del mundo en que vivimos. En otras palabras, se propone descubrir lo que es la base común que sustenta todos los fenómenos del mundo. Todo el conocimiento analítico sigue esta fórmula. El oxígeno y el hidrógeno constituyen el máximo factor común del agua. Las especies de los seres vivos surgen de otras o se funden en otras dependiendo de cuál sea el máximo factor común. Las aves se separan de otras especies cuando las alas constituyen el máximo factor común; no están separadas de ellas cuando el máximo factor común es la vida. La vida como máximo factor común distingue las formas vivas de la materia inanimada. El nacimiento, el crecimiento y la muerte son característicos de la vida; no se encuentran en la tierra ni en las piedras, que forman parte de la materia inerte.

Materia y Espíritu

Este análisis ilustra el proceso mediante el cual los sistemas gemelos (el sistema metafísico *Sāṃkhya* y su homólogo práctico, el *Yoga*) concebían que la Realidad era dual por naturaleza, consistiendo en Materia insensible (inconsciente), *prakṛti*, y Espíritu sensible (consciente), *puruṣa*. Lo que hemos de observar es que el concepto de alma no es igual que el de vida. La vida, que es fundamentalmente respiración, pertenece al cuerpo, que es Materia y, por tanto, está bien diferenciado del Espíritu. ¿Qué es la respiración sino el intercambio de aire entrando y saliendo del cuerpo? La ciencia moderna explica todas las estructuras y funciones corporales desde el punto de vista de los elementos básicos de la naturaleza, como el oxígeno y el hidrógeno. Lo que no puede explicar es la «fuerza» consciente (Espíritu) que hace funcionar a estos elementos del organismo de un modo que no funcionan en ninguna otra parte del mundo material. El organismo vivo, por ejemplo, se mueve y se detiene, crece y decae, pero una piedra es incapaz de tales operaciones y cambios generados internamente. Esta fuerza, el Espíritu, se resiste a todas las capacidades de laboratorio que el ser humano ha desarrollado a través de los siglos.

Análisis de los estados de conciencia

Es aquí donde el filósofo interviene para decir que esta fuerza (Espíritu o alma) es una entidad definida que no puede equipararse a la vida. Y tiene razones para mantener su posición. Un análisis de los estados de conciencia (vigilia, sueño y sueño profundo) muestra que nuestras identidades y experiencias mundanas, existentes en los dos primeros estados y que nos conducen al placer y al dolor, están totalmente ausentes en el tercero. Este hecho, demostrado por la experiencia de todos, nos ofrece una comprensión profunda de la naturaleza pura del Espíritu no envuelto por el complejo psicofísico. Un perspicaz pensador *upaniṣádico* compara esta situación con la de un halcón que, después de un largo vuelo en el cielo, se cansa y se dirige a su nido. De manera similar, el alma, después de vagar en los estados de vigilia y de sueño, se dirige al estado de sueño profundo, en el cual no actúa ni sueña, sino que supera las relaciones y experiencias mundanas. Aquí un padre no es un padre, ni una madre es una madre, ni un ladrón es un ladrón, ni un pecador lo es.

Esta experiencia se termina después de cierto tiempo, cuando volvemos a los otros dos estados, que son comparados con las orillas de un río entre las cuales nada un pez.

¿Es posible hacer permanente la experiencia trascendente pero temporal del sueño profundo? Sí, dice el filósofo, si podemos lograr cortar los lazos que unen nuestra alma con el complejo mente-cuerpo a través del cual experimentamos el mundo. Tal posibilidad se conoce en términos filosóficos como liberación. La liberación puede alcanzarse en vida (es decir, antes de la muerte), pues es el repudio del cuerpo por el alma. Es como una serpiente que muda de piel, sin verse afectada por que se marchite. Por citar un paralelo contemporáneo: cuando vendemos nuestro coche, ya no nos preocupa si sufre un accidente.

El estado intrínseco del alma: la libertad

¿Cómo puede alcanzarse este estado? Mediante el descubrimiento de lo que realmente somos. La libertad se dice que es el estado natural del alma; cuando el alma se libera, es meramente devuelta a su verdadera naturaleza de la cual es inconsciente debido a la ignorancia. Descubrimos nuestra identidad mundana cuando un sueño llega a su fin y entramos en el estado de vigilia; este restablecimiento del estado de vigilia pone fin a las experiencias ilusorias del sueño. Un razonamiento similar se aplica a la liberación. En nuestra identidad mundana, pocas veces pensamos en nosotros mismos como bien diferenciados de nuestra mente. Cuando nos damos verdaderamente cuenta de que la mente forma parte de la Materia, y por tanto estamos en esencia desconectados de ella, eso pone fin a nuestros sufrimientos mundanos. El problema es que estamos tan abrumadoramente gobernados por la mente, que somos incapaces de distinguir nuestro yo verdadero, el alma. El Yoga convierte este problema en su ámbito de investigación y, mediante un profundo análisis de la mente, muestra las maneras de controlarla, haciéndonos así posible observar nuestra propia alma.

Una vez que se comprende que el alma es fundamentalmente distinta de la Materia, de ello se deduce que es inalcanzable mediante las propiedades de ésta. Como dice el *Bhagavad-Gītā*, el alma no puede ser cortada, quemada, mojada ni secada, procesos que afectan a todos los objetos materiales. La mente, siendo informe, queda también fuera del alcance de estas acciones físicas, pero se ve afectada cuando el cuerpo las experimenta. El Yo es eterno (sigue el *Gītā*), está en todas partes, impasible e ilimitado por el tiempo. Ni mata, ni es matado; ni nace, ni muere.

¿Qué es la Materia?

La raíz última del mundo material es la Materia Primigenia insensible (*prakṛti*), como los sistemas *Sāṃkhya*-Yoga la llaman. Todos los objetos físicos tienen su raíz en principios sutiles. La Materia Primigenia (*prakṛti*) se dice que posee tres cualidades (*guṇas*): iluminación (*sattva*), actividad (*rajas*) y oscuridad (*tamas*). El mundo material las hereda de la causa primigenia, provocando en el alma luz/conocimiento, actividad e ilusión/ignorancia, respectivamente.

La Materia sufre constantemente procesos de evolución e involución. Carece de conciencia, mientras que el alma es consciente. Si la Materia es insensible, ¿cómo puede funcionar por sí sola respecto a estos procesos? Debido a la mera presencia del alma consciente, mantienen los *Sāṃkhyas*, quienes explican este fenómeno mediante la analogía de los movimientos de las limaduras de hierro causados por la mera presencia de un imán.

El dios Brahman entrega las ramas del conocimiento (los *Vedas*) a los sabios primigenios.

En resumen

Si la quintaesencia de todo está determinada sobre la base de la lógica, la distinción entre sensible e insensible lleva a la conclusión de la dualidad.

Materia y Espíritu: las cualidades de luz, actividad y oscuridad forman la Materia; el Espíritu es por naturaleza libre e inactivo.

La Materia insensible actúa debido a la proximidad del Espíritu como las inertes limaduras de hierro actúan ante la proximidad de un imán.

Mientras el alma no distinga su diferenciación de la mente experimenta placer y dolor; al distinguirla, el alma alcanza la liberación.

Para una perspectiva más amplia...

La existencia

El análisis del agua nos lleva a sus componentes, oxígeno e hidrógeno. Del mismo modo, los científicos reducen todo lo que existe en el mundo material a un limitado número de elementos. Los elementos constan de moléculas, las moléculas de átomos, los átomos de electrones, protones y neutrones, siendo cada fase más sutil que la anterior. Para el científico, los componentes del estado final constituyen la realidad definitiva y las primeras fases consisten en combinaciones de la realidad última. Si se profundiza en esta manera de pensar, puede llegarse al concepto de Realidad Suprema del filósofo como se ilustra en el diálogo de la *Chāndogya Upaniṣad* citado en la Unidad 1. En contraste con la búsqueda de componentes más sutiles en la ciencia, la filosofía busca un principio cada vez más amplio subyacente a los fenómenos hasta llegar al Infinito, también conocido como Existencia. Éste es el discurso más elevado del pensamiento filosófico.

Aproximaciones a la Verdad

Las aventuras del hombre en el mundo de la espiritualidad revelan dos tendencias básicas: fe y razón. De ellas, la fe afecta a la porción más grande de la sociedad humana; todas las religiones se basan en ella. Difiriendo en detalles y prácticas, las religiones son unánimes en conceptualizar un poder supremo que controla el mundo. Este poder se llama Dios. La fe implica la renuncia a la razón.

Las filosofías, por otro lado, se fundamentan en la razón y en medios seculares de conocimiento, aunque no se hallan libres del elemento de fe que influencia a sus seguidores. La proporción de fe y razón varía de tradición a tradición y de escuela a escuela, influyendo en sus concepciones de la realidad suprema y de lo que consideran el ámbito de la filosofía. Esto da lugar a numerosas perspectivas de los temas filosóficos, que provocan, en ciertas escuelas, una mezcla de ideas filosóficas y religiosas. Así, en algunas escuelas de filosofía india el concepto filosófico de una Realidad Suprema es equiparado con el concepto religioso de un Dios personal. Éste es el caso de las escuelas de Yoga cuyos seguidores adoran a una deidad en particular (por ejemplo, los yoguis que practican el *Haṭha* Yoga tradicionalmente adoran a Śiva como dios supremo).

Las escuelas que confían exclusivamente en la razón concluyen que la materia y el espíritu son principios opuestos y, por tanto, consideran doble la Realidad Suprema. Éstos son los *sāṃkhyas*. La escuela Yoga acepta esta opinión, pero incluye a Dios como un Alma o Espíritu especial. Quienes conceden, hasta cierto punto, mayor importancia a la intuición que a la razón concluyen que el espíritu es la realidad única, eterna, dado que la destructibilidad de la materia es algo que cualquiera puede observar. Ésta es la principal tradición *upaniṣádica*, que se basa en la experiencia además de en la razón. Otros que también limitan su búsqueda exclusivamente a la razón llegan al concepto de átomos indivisibles como la realidad suprema del mundo material, manteniendo al mismo tiempo la existencia separada del alma.

Unidad 6

Ilustración de un *Bhagavad-Gītā* (sin fechar) que muestra un diálogo entre Kṛṣṇa y Arjuna.

El Yoga en la vida

LENGUAJE Y PENSAMIENTO

El pensamiento, ese ingenioso recurso
mediante el cual se anulan todas las fronteras,
al que el Pensador ordena
tender puntales sobre los días y las distancias,
construye puentes de pinceladas
y grandes paseos con palabras en vez de adoquines,
iluminándolos con el farol del significado:

así pavimenta el tiempo
y cabalga a horcajadas el espacio
Mente la Conquistadora.

Debemos maravillarnos un instante del poder que tienen el lenguaje y el pensamiento en nuestra vida. Esta conceptualización (interna o expresa) de nuestras intenciones, fantasías y sentimientos es privativa de los seres humanos.

Según la filosofía yóguica, la capacidad de conceptualizar es una de las cinco facultades de la mente, siendo las otras la capacidad de conocer la verdad, de equivocarse, de dormir y de recordar.[1]

La conceptualización es una actividad puramente mental; ligada al lenguaje, no tiene base en la realidad.[2] Pero sostiene todos los empeños y relaciones humanos. Como sucede con las otras facultades de la mente, puede emplearse mal y llevar a una persona hacia la confusión y el sufrimiento o puede usarse juiciosamente, para lograr la comprensión.[3]

[1] *Yoga Sūtra 1.6*
[2] *Yoga Sūtra 1.9*
[3] *Yoga Sūtra 1.5*

Los brazos y las piernas

Las extremidades humanas son capaces de una extraordinaria gama de movimientos además de los necesarios para las actividades diarias. Para mantener la movilidad de las articulaciones y el tono muscular en óptimo estado, es necesario practicar movimientos que tengan en cuenta este potencial, sobre el principio de que, con el objetivo de conseguir el máximo, se salvaguarde un mínimo.

Flexionar los brazos y las piernas de formas desacostumbradas es el primer paso en la exploración de posibles movimientos. Esto añade la energía de la flexión a la del estiramiento en el mantenimiento de un buen físico.

Las posturas en pie y sedentes implican una amplia gama de posiciones de las extremidades. La Postura del Árbol (*Vṛkṣāsana*) supone flexionar una pierna hacia el exterior y sostenerla sobre la pierna de apoyo estirada, como una rama se sustenta en el tronco de un árbol. Los brazos extendidos hacia arriba ayudan al cuerpo a mantener el equilibrio. En la Postura del Águila (*Garuḍāsana*), otra postura de equilibrio, una pierna se enrosca en torno a la otra y los brazos se entrelazan asimismo delante del cuerpo. En la Postura con las Caderas Elevadas (*Utkaṭāsana*), el cuerpo se mantiene inmóvil entre la posición de pie y la de sentado, con las piernas flexionadas y los brazos estirados hacia arriba.

Entre las posturas sedentes, la del Héroe (*Vīrāsana*) implica flexionar las piernas hacia atrás, de modo que los pies se hallen junto a las caderas. En la Postura del Ángulo Ligado (*Baddha-Koṇāsana*) las piernas se flexionan hacia el exterior y los pies se meten hacia el tronco.

La Postura de la Montaña (*Parvatāsana*) estira las palmas y los dedos de las manos, así como los brazos. En la Postura de la Cabeza de Vaca (*Gomukhāsana*), los brazos se llevan detrás de la espalda desde arriba y abajo, para que las manos puedan cogerse entre sí. En *Namaste* hay que flexionar las manos por detrás de la espalda en posición de oración.

El efecto que todos estos movimientos ejercen no se restringe sólo a la extremidad en cuestión: afectan a un área mayor. La colocación de las piernas tiene consecuencias para las caderas, y por tanto también para el sacro y las lumbares. La de los brazos afecta a los hombros, y por tanto, a la parte alta de la espalda, al cuello y a la cabeza.

En todas las posturas, de hecho, los brazos y piernas desempeñan un papel crucial. En *Sarvāṅgāsana* los brazos sostienen la caja torácica y ayudan al tronco a elevarse. Las piernas se estiran hacia el techo y yerguen el tronco desde arriba. Asimismo, en la Postura del Arado (*Halāsana*), la acción de los brazos y las piernas impide el hundimiento del tronco.

En la Postura del Cadáver (*Śavāsana*) la calidad de la relajación depende en primer lugar de las extremidades. Si tienen tensión, también la tiene el cuerpo entero, y la mente no puede relajarse.

Así pues, los brazos y las piernas son agentes activos en la conformación de las posturas, no apéndices pasivos. Tienen funciones específicas: flexionar, estirar, girar, sostener, mantener, conectar, sujetar, intensificar acciones, capacitar a otras partes del cuerpo. De este modo, se desarrolla la coordinación de todas las partes del cuerpo. Al mismo tiempo, debido a que esta armonía no puede ocurrir sin la dirección de la mente, se produce integración de cuerpo y mente. Es este enfoque holístico lo que distingue las posturas de meros ejercicios.

ताडासन *Tāḍāsana*

Postura de la Montaña

Las piernas unidas proporcionan una fuerte base y los brazos sirven de contrapeso para este estiramiento vertical del tronco.

Siga el método indicado en la Unidad 1 (pág. 19).

Para progresar

Sincronice la extensión ascendente de las piernas y la extensión descendente de los brazos. Conecte estos dos estiramientos con la elevación del tronco.

ऊर्ध्व-हस्तासन *Ūrdhva-Hastāsana*

Postura de los Brazos Elevados

Los dedos de las manos se ensamblan encajando firmemente, convirtiendo los dos brazos elevados en un único poderoso instrumento de tracción para tirar del tronco.

Siga el método indicado en la Unidad 2 (pág. 35).

Para progresar

Mantenga el firme estiramiento ascendente de los brazos. Presione hacia dentro los omóplatos, abra las axilas y atrase aún más los brazos para ponerlos verticales.

वृक्षासन *Vṛkṣāsana*

Postura del Árbol

El cuerpo imita la forma y solidez de un árbol, ¡pero no su tendencia a balancearse con el viento.

Adopte *Tāḍāsana* (pág. 19). Flexione hacia fuera la pierna derecha, sujete la parte inferior de la espinilla y coloque el pie en lo alto de la cara interna del muslo izquierdo. Encaje el talón en el surco de la ingle. Mantenga firme la pierna izquierda. Eleve los brazos lateralmente a la altura de los hombros y vuelva hacia arriba las palmas de las manos. Tense los codos y estire los brazos y las manos. Inspirando, eleve los brazos, con las palmas vueltas una hacia la otra. Equilíbrese, respirando acompasadamente. Mantenga la postura 20-30 segundos. Espirando, baje los brazos y la pierna. Repita por el otro lado.

Para progresar

Presione hacia dentro la cadera izquierda para mantener la alineación vertical de la pierna de apoyo y el tronco. Presione hacia atrás la rodilla flexionada. Estire los brazos aún más hacia arriba y extienda los costados del tronco.

गरुडासन *Garuḍāsana*

Postura del Águila

Ligereza y atenta vigilancia caracterizan esta postura, permitiendo un equilibrio que depende delicadamente de los brazos y las piernas flexionados.

Adopte *Tāḍāsana* (véase Unidad 1, pág. 19). Coloque las manos sobre las caderas y flexione ligeramente las piernas. Eleve un poco la pierna derecha y cruce el muslo derecho sobre el izquierdo. Pase la espinilla derecha por detrás de la pantorrilla izquierda y enganche contra ella el pie justo por encima de la cara interna del tobillo izquierdo. Equilíbrese.

Eleve los brazos al frente y flexiónelos para que del codo al hombro se hallen paralelos al suelo y los antebrazos queden verticales. Mantenga las palmas de las manos vueltas una hacia la otra. Acérquese más los brazos y cruce el izquierdo sobre el derecho. Coloque el antebrazo izquierdo delante del derecho y presione la palma izquierda contra los dedos de la mano derecha. Mantenga erguida la cabeza. Equilíbrese, respirando acompasadamente.

Permanezca en la postura durante 20-30 segundos. Suelte las manos y las piernas y repita por el otro lado.

Para progresar

Presione la espinilla de la pierna de apoyo hacia atrás, para mantener la energía ascendente de esa pierna. Estire el tronco hacia arriba. Eleve los codos ligeramente hasta que los antebrazos se hallen horizontales y aparte los brazos del pecho.

उत्कटासन *Utkaṭāsana*

Postura de las Caderas Elevadas

El impulso ascendente del tronco y los brazos sirve de contrapeso a la tracción descendente de las piernas flexionadas para mantener elevadas las caderas.

Adopte *Tāḍāsana* (véase Unidad 1, pág. 19). Inspire y eleve los brazos, manteniendo tensos los codos y las palmas vueltas una hacia la otra. Extienda los brazos y el tronco hacia arriba. Espire y flexione las piernas, atrasando las caderas hasta que los muslos se hallen casi paralelos al suelo. Relaje la cabeza y el cuello. Mire al frente y respire acompasadamente.

Permanezca en la postura durante 15-20 segundos. Espire, baje los brazos y póngase de pie bien erguido.

Para progresar

Flexione más los tobillos, las rodillas y las caderas para agudizar el zigzag de las piernas. Presione hacia dentro los omóplatos y eleve la cara anterior del tronco.

पर्वतासन *Parvatāsana*

Postura de la Montaña

Los brazos se estiran hacia arriba y ayudan a elevarse a la caja torácica; las piernas presionan hacia abajo y ayudan a la pelvis a elevarse.

Siga el método indicado en la Unidad 1 (pág. 24).

Para progresar

Realice los siguientes ajustes manuales. Aparte la masa carnosa de cada nalga de la otra y siéntese en las puntas de los ísquiones. Haga rodar hacia el exterior los muslos, de modo que sus caras internas queden vueltas hacia el techo. Asimismo, haga rodar las pantorrillas hacia arriba. Estos ajustes mejoran la elevación de la parte inferior de la espalda y alivian la tensión en las ingles y las rodillas.

गोमुखासन *Gomukhāsana*

Postura de la Cabeza de Vaca, Sólo Brazos

La postura completa de perfil se parece a una astada cabeza bovina; el codo que apunta hacia arriba forma el pitón del cuerno.

Siga el método indicado en la Unidad 3 (pág. 61).

Para progresar

Estire hacia arriba el brazo izquierdo y extienda la axila. Estire el brazo derecho hacia abajo y aparte del tronco el antebrazo.

Ayuda

- **Si las manos no pueden agarrarse entre sí, sostenga entre ellas una banda o cinturón.**

नमस्ते *Namaste*

Saludo

Cuando las palmas se unen en posición de oración detrás de la espalda, se dice adiós a los hombros tensos y el pecho hundido.

Arrodíllese con las rodillas juntas. Alce el tronco y siéntese erguido. Una las palmas de las manos por detrás de la espalda, gire las manos hacia dentro y hacia arriba, y elévelas lo más alto posible por la columna. Atrase los hombros y los codos. Respire acompasadamente.

Permanezca en la postura durante 20-30 segundos. Suelte las manos y extienda las piernas.

Para progresar

Estire los brazos y las manos; intente no perder esta extensión mientras los coloca en posición. Eleve más las manos.

Ayuda

- **Si la posición le resulta imposible, cójase los codos. Atrase los hombros y eleve el pecho. Repita, cogiéndose los codos al contrario.**

वीरासन *Vīrāsana*

Postura del Héroe

Un héroe tiene un núcleo de serenidad que sostiene sus hazañas; esta serenidad tiene que buscarse y puede encontrarse en esta postura.

Siéntese sobre los talones con las rodillas unidas. Separe los pies e inserte un soporte, como, por ejemplo, una o dos mantas dobladas o un bloque de madera, debajo de las nalgas. Coloque las manos sobre el soporte. Eche atrás los hombros y estire el tronco hacia arriba. Respire acompasadamente.

Permanezca en la postura durante 1-2 minutos. Extienda las piernas.

Ayuda

- **Si los tobillos están rígidos, coloque una manta enrollada debajo de la parte inferior de las espinillas (véase Unidad 2, pág. 42).**
- **Si existe tensión en las rodillas, siéntese sobre un soporte más alto.**

Para progresar

Rote los muslos hacia fuera y haga presión contra el suelo con la cara externa de las espinillas, para mantener las rodillas vueltas al frente.

बद्धकोणासन *Baddha-Koṇāsana*

Postura del Ángulo Ligado

Esta postura, la posición sedente tradicional de los zapateros, es beneficiosa durante la menstruación y para trastornos urinarios, pues en ella se abren las ingles y se yergue la pelvis.

Siéntese apoyado en una pared sobre un soporte, como, por ejemplo, un almohadón cilíndrico o mantas dobladas. Flexione las rodillas hacia fuera y una las plantas de los pies. Lleve los pies hacia el pubis. Coloque las manos junto a las caderas y estire el tronco hacia arriba.

Permanezca en la postura entre 30 segundos y 1 minuto, o más. Suelte las piernas y extiéndalas.

Para progresar

Presionando con los dedos de las manos contra el suelo, adelante la parte inferior de la espalda y alce el abdomen. Eleve la caja torácica y eche atrás los hombros. Al mismo tiempo, abra las ingles y alargue los muslos hacia las rodillas.

मालासन *Mālāsana*

Postura de la Guirnalda

Esta postura reporta beneficios restaurando la flexibilidad del arte humano natural de acuclillarse; en la postura final, los brazos rodean las piernas y el tronco.

Acuclíllese con los pies y las rodillas unidos. Mantenga bajos los talones. Estire los brazos al frente. Respire acompasadamente.

Permanezca en la postura entre 30 segundos y 1 minuto. Suelte las piernas.

Ayuda

- **Coloque una manta enrollada debajo de los talones.**
- **Agárrese a un soporte, como, por ejemplo, un taburete o una silla.**

- **Apoye la parte inferior de la espalda contra la pared y las manos en un soporte.**

Para progresar

Adelante el peso del cuerpo mientras mantiene bajos los talones.

सर्वाङ्गासन *Sarvāṅgāsana*

Equilibrio sobre los Hombros

A medida que esta postura se vuelve más familiar, se convierte en una fiel amiga digna de confianza, que ofrece apoyo emocional y calma la mente.

Siga el método indicado en la Unidad 5 (pág. 93).

Para progresar

Mantenga tensas las rodillas y extienda las caras posteriores de las piernas. Ajuste las manos sobre la espalda de vez en cuando para mantener un buen soporte del tronco.

Advertencias

No practique esta postura durante la menstruación o si padece hipertensión arterial (tensión alta), una lesión cervical, desprendimiento de retina u otros problemas oculares.

Si existe presión en la cabeza, los ojos, el cuello o la garganta, descienda, reajuste la cabeza, el cuello y los hombros en la posición de partida y vuelva a intentarlo. Si la presión persiste, pida consejo a un profesor/a.

हलासन *Halāsana*

Postura del Arado

Colocar las piernas por encima de la cabeza resulta sorprendentemente relajante tanto para el cuerpo como para la mente.

Adopte *Sarvāṅgāsana* (véase Unidad 5, pág. 93). Flexione las piernas y baje los pies hasta el suelo. Estire las rodillas y eleve las caderas y el tronco. Respire acompasadamente.

Permanezca en la postura entre 30 segundos y 1 minuto. Flexione las piernas y descienda deslizándose suavemente.

Ayuda

- **Si la espalda y las piernas están rígidas, eleve los pies sobre un soporte, como, por ejemplo, un taburete o un bloque de madera.**

Para progresar

Colóquese sobre las puntas de los dedos de los pies y estire hacia arriba las plantas. Con ayuda de las manos sobre la espalda, alce la cara anterior del tronco.

शवासन *Śavāsana*

Postura del Cadáver

Las extremidades deben quedar pasivas si se quiere que el cuerpo se relaje; el cuerpo debe quedar pasivo, si se quiere que la mente se relaje.

Siga el método indicado en la Unidad 1 (pág. 26).

Para progresar

Preste atención a colocar las extremidades simétricamente. Después de relajarlas, manténgalas pasivas y controle cualquier impulso a moverse.

El funcionamiento de la mente

CONCEPTOS CLAVE

Ignorancia En el contexto filosófico, la ignorancia no significa ausencia de información mundana, sino desconocimiento de la naturaleza intrínseca del alma. Incluso una persona muy informada en el sentido mundano puede ser ignorante en este sentido filosófico.

Instintos y recuerdos Los instintos pertenecen a la misma categoría de fenómenos mentales, pero difieren en que están profundamente arraigados, se carga con ellos durante muchas reencarnaciones y se despiertan por la circunstancia de un nacimiento en una especie específica. Los recuerdos no dependen de tales condiciones, como lo demuestran los sueños, que se clasifican como recuerdos.

Hemos visto que el filósofo considera que la vida es sufrimiento y que su causa es la identificación errónea del alma con la mente no espiritual. Aunque bien diferenciada de la mente, el alma se considera a sí misma unificada con ella, y esto la implica en los sufrimientos que realmente pertenecen a la mente. Para saber cómo eliminar estos sufrimientos, es necesario saber qué es la mente y cómo funciona.

La mente: el objeto de la disciplina del Yoga

Un tratado filosófico sánscrito hace la siguiente observación: «Nada salvo la mente es la causa del cautiverio y la liberación de los hombres. Produce cautiverio cuando una persona se apega a objetos mundanos, o liberación cuando se libera de ellos».

De las dos propiedades de la mente mencionadas en este pasaje, el apego a los objetos es instintivo, constituyendo una tendencia desde el nacimiento; la liberación de ellos tiene que perseguirse mediante decididos esfuerzos. Cuál deba ser la dirección de estos esfuerzos es el campo de investigación para el sistema yóguico. Basa sus hallazgos en un análisis lógico de la mente y sus propiedades. Estas propiedades, al ser causa de sufrimientos mundanos, son denominadas ellas mismas sufrimientos, *kleśas*. Patañjali identifica cinco causas de sufrimiento: ignorancia (*avidyā*), la unión de mente y alma que provoca un sentido del yo (*asmitā*), el apego (*rāga*), la aversión (*dveṣa*) y aferrarse a la vida (*abhi-niveśa*).

El modo en que funciona la mente

La filosofía *Sāṃkhya-Yoga* considera la mente como el principal instrumento de recibir, interpretar y responder a las experiencias de los acontecimientos mundanos. Recibe señales del mundo externo a través de los órganos de

El Sabio, Manu, permanece en pie sobre una sola pierna como forma de practicar el control mental.

los sentidos, y responde a través de los órganos de la acción. Sin embargo, la interpretación de estas señales se ve influenciada por el apego y la aversión, dos de las causas del sufrimiento. Por debajo de las actividades de la mente se hallan las causas básicas del sufrimiento: la ignorancia, la aparente unión de la mente y el alma, y el aferrarse a la vida.

Las actividades de la mente están guiadas por archivos de la memoria, como los instintos (*vāsanās*), que se acumulan a través de una serie de vidas pasadas y yacen latentes hasta que las ocasiones propicias provocan que se pongan de manifiesto. Por ejemplo, los instintos de un gato se despiertan cuando el alma nace en forma de gato. ¡La vista misma de un ratón tienta a un gato a saltar sobre él como si fuera un plato exquisito! Un hombre no haría esto ni siquiera si hubiera sido un gato en un nacimiento anterior. Incluso en nuestra vida normal observamos que las respuestas están condicionadas por la educación y las circunstancias, a pesar de que todos los seres humanos son parecidos en sus facultades básicas. El factor de los instintos es todavía más decisivo por lo que respecta a la conducta en nuestras vidas en distintas especies. Esto es lo que se entiende por estimulación de instintos en condiciones apropiadas. La mente con innumerables instintos acumulados a través de vidas pasadas se compara a una red de pesca formada por innumerables nudos.

Las huellas mnemónicas de experiencias (*saṃskāras*) son similares a instintos, pero poseen una aplicación más general. Se refuerzan por los intereses y esfuerzos de una persona (por ejemplo, lo que llamamos estudio no es nada más que el fortalecimiento de específicas huellas mnemónicas). Aunque las huellas mnemónicas enredan a la gente normal en la vida mundana, su energía permite al practicante de Yoga fortalecer su modo yóguico de pensar.

La ignorancia y sus formas

La causa definitiva de sufrimientos, identificados con sus efectos, es la ignorancia (*avidyā*), es decir, la visión errónea del alma que consiste en ver lo que no es eterno como eterno, lo que no es puro como puro, lo que es doloroso como placentero, y lo que no es el alma como si lo fuera. Esta ignorancia produce además:

1. El sentido del yo (*asmitā*), que es la falsa identificación del poder de la conciencia (alma, Espíritu: *puruṣa*) con el poder del intelecto (*buddhi*).
2. El apego (*rāga*) que surge de una previa experiencia de placer.
3. La aversión (*dveṣa*) que surge de una previa experiencia de dolor.
4. Aferrarse a la vida (*abhiniveśa*), un instinto que se encuentra en todas las criaturas. Al hacerse consciente de un peligro inminente, incluso un diminuto insecto intenta evitarlo y salvar su vida.

Podemos denominar atributos de la mente a estas cuatro raíces del sufrimiento. Son meramente manifestaciones de la fuerza primaria, la ignorancia.

Fases de las «raíces del sufrimiento»

Estos cuatro atributos de la mente, las raíces del sufrimiento, no funcionan con la misma intensidad en todo momento: pueden hallarse latentes, reducidas, interrumpidas u operativas. Las primeras dos fases se relacionan con los yoguis. Están «latentes» cuando un yogui se perfecciona, y «se reducen» cuando un yogui está progresando. La práctica del Yoga reduce la intensidad de las raíces del sufrimiento; en el caso de yoguis perfeccionados, están tan disminuidas que no ejercen ningún efecto sobre el yogui incluso en presencia de objetos de otro modo deseables. Para un yogui, algo que es deseable para la mayoría de la gente es esencialmente una causa de sufrimiento, pues es efímero. Por poner un ejemplo, a diferencia de una persona normal, un yogui no se conmovería ante la visión del oro. Las dos fases restantes (interrumpidas y operativas) se relacionan con la gente implicada en el mundo. En su caso, una raíz de sufrimiento se interrumpe cuando otra se halla en funcionamiento. Por ejemplo, el apego de un hombre al dinero se suspendería cuando su vida se hallase en peligro. Esto no quiere decir que haya abandonado su amor por el dinero; es sólo temporalmente interrumpido por una preocupación más intensa.

La ignorancia: un concepto positivo

La ignorancia (*avidyā*), como se define en el Yoga, no significa meramente la ausencia de conocimiento, como suele entenderse normalmente, sino como lo contrario del conocimiento o lo que obstruye el conocimiento. Por citar un paralelo en español, «injusticia» no sólo significa la ausencia de justicia, sino lo contrario de justicia. Asimismo, *avidyā* es un hecho que se opone al conocimiento; es conocimiento perverso. Por tanto, confundir una cuerda con una serpiente es *avidyā*. Pertenece al modo mental denominado percepción errónea o conocimiento erróneo, que se refuta mediante el conocimiento correcto o válido.

Las raíces del sufrimiento alimentan nuevos sufrimientos

Las raíces del sufrimiento inducen al alma encarnada a realizar acciones que, a su vez, la conducen a experimentar placer y dolor. El principio básico de la teoría de las acciones es que ningún alma puede escapar al resultado de sus acciones. Dado que las acciones físicas son momentáneas y perecederas, se dice que poseen formas invisibles que se aferran al alma hasta que producen consecuencias. Por tanto, la experiencia de placeres y dolores en nuestra vida presente es el resultado de nuestras acciones realizadas en vidas pasadas. En otras palabras, la vida que actualmente llevamos no es ni la primera ni la última; esto inevitablemente conduce a la suposición de una cadena de acciones y encarnaciones que no tienen principio. Esta suposición la valida la incapacidad de la mente humana para determinar el primero de los pares que perpetuamente se siguen uno a otro, tales como la semilla y el retoño, el huevo y la gallina, o el día y la noche. Designar estos pares como no poseedores de comienzo es la forma de expresarlo el filósofo; en otras palabras, significa que no tenemos respuesta a esta pregunta.

Por tanto, la cadena de acciones y encarnaciones no tiene comienzo; pero ciertamente tiene fin, la liberación, que es otra forma de decir liberarse del sufrimiento. El único medio de liberación es el conocimiento experiencial de que el alma es algo bien diferenciado de la mente. Esto pone fin a la ignorancia y a lo que se deriva de ella: el sentido del yo, etc.

En resumen

Lo que se llama mente es, en efecto, como una red de pesca confeccionada con los nudos de innumerables instintos; es esto lo que ata al alma.

En condiciones apropiadas, salen a la superficie diversos instintos y espolean a la acción a criaturas de diversa especie.

De las acciones proviene el destino; del destino, la sucesión de nacimientos y muertes; de esto, el destino, el placer, el dolor; se trata de una rueda eterna.

Todo esto surge de la ignorancia, se fortalece por el sentido de yo, etc., y se apoya en el impulso para vivir; sólo se pone fin a ello discriminando entre mente y alma.

Para una perspectiva más amplia...

La mente como instrumento del alma

Según la filosofía yóguica, la mente es el principal instrumento del alma en su experiencia de placeres y dolores mundanos. Recibe información (conocimiento) de los órganos de los sentidos (oído, tacto, vista, gusto y olfato) y la interpreta como bienvenida o no, llevando así al alma a la experiencia de placer o dolor. Al mismo tiempo, es un enorme depósito de las huellas de estas experiencias, que son despertadas por situaciones apropiadas y provocan recuerdos. Cuando se hallan profundamente arraigadas, estas huellas se acarrean durante muchas encarnaciones del alma. Lo que se llama instintos pertenece a esta categoría. Además, también se despiertan recuerdos asociados con encarnaciones previas. Esta hipótesis explica por qué algunas personas nacen como genios. El despertar de las huellas de la práctica del Yoga en encarnaciones previas se dice que ayuda al yogui a proseguirlas. El sistema del Yoga estudia la mente y los modos de controlarla, porque reconoce que la mente es el punto de partida de toda la investigación filosófica.

El cuerpo sutil

Las escuelas filosóficas indias consideran que el alma posee un cuerpo sutil además del cuerpo material de carne y hueso que perece al final de la vida. El concepto de este cuerpo sutil está en consonancia con (y es un inevitable corolario de) la teoría de que el alma se reencarna de acuerdo con su destino determinado por sus propias acciones, y del que ninguno (a menos que comprenda la Realidad Suprema) puede librarse. Así pues, las teorías de la acción, la transmigración y el cuerpo sutil están estrechamente relacionadas.

El cuerpo sutil posee las mismas facultades que el cuerpo material; la diferencia es que no es perceptible. Al ser sutil, no se ve sujeto a las limitaciones del cuerpo físico. Por tanto, permanece cuando el cuerpo material perece; puede desplazarse a cualquier lugar instantáneamente; puede atravesar barreras; se asocia con el tipo de especie que se le haya otorgado al alma, sea cual sea. Se dice que cuando un yogui, en virtud de sus poderes milagrosos, asume simultáneamente varios cuerpos físicos, su cuerpo sutil permanece inalterado. Esto implica que un yogui en esta etapa de práctica sigue siendo un alma mundana, aunque a un nivel más elevado que otras. Esto explica por qué Patañjali advierte a los practicantes del Yoga contra el hecho de ser tentados por poderes milagrosos y perder de vista la meta definitiva de la disyunción de la vida mundana, es decir, la liberación.

Unidad 7

El sabio Śuka explica a sus discípulos la inmortalidad del Espíritu.

El Yoga en la vida

PENSAMIENTOS Y EMOCIONES

Para el filósofo, el pensamiento,
para el poeta, su expresión:
separados e inseparables,
como la miel y el dulzor.

El pensamiento se formula en
expresión que reformula la
idea;
el filósofo inspira al poeta que
vivifica la persecución de la
sabiduría:
independientes pero
dependientes,
como la miel proporciona el
gusto del dulzor es la causa
del disfrute.

Pensamientos y emociones son la parte vital de nuestra mente. Están tan mezclados que a menudo es difícil separarlos y tomar decisiones con claridad. Sin embargo, los sentimientos y la razón pueden predominar independientemente en diferentes momentos.

Según la filosofía yóguica, la claridad mental es un requisito previo esencial para la paz mental.[1] La mente trabaja en conjunción con los sentidos; éstos la nutren con información y también alimentan sus deseos. Por tanto, desde el punto de vista del Yoga, para lograr la serenidad mental, los sentidos tienen que apartarse de los estímulos.[2] Luego, en vez de conectar la mente continuamente con objetos externos, la dejan descansar. Desde este estado de tranquilo desapego de los sentidos, la mente puede mirar en el interior al núcleo del ser.

El proceso funciona en ambas direcciones. Como el aquietamiento de un órgano de los sentidos no produce automáticamente la calma de los demás, la forma más eficaz es dominar la mente misma, pues es ella la que rige los sentidos.[3] El modo de controlar la mente es controlar la respiración.

---

[1] *Yoga Sūtra 1.47*
[2] *Yoga Sūtra 2.54*
[3] *Comentario sobre el Yoga Sūtra 2.54-5*

Anclar el movimiento

El movimiento necesita estabilidad. Si no se quiere que sea inestable, debe contar con un punto fijo de sujeción. Si no se quiere que sea aleatorio, ha de tener un origen controlable y una dirección intencionada. Para comprender los movimientos y composición de las posturas de Yoga (que siguen los principios de la cinética y la estática), es útil usar una pared como ayuda. Este apoyo refuerza y aclara los diversos estiramientos, elevaciones, sujeciones y rotaciones implicados.

Por ejemplo, la Postura del Perro (*Adho-Mukha-Śvānasana*), en la que el cuerpo adopta la forma de una V invertida, implica una extensión simultánea de las piernas, los brazos y el tronco. Para que se estire una parte del cuerpo, otra debe mantenerse firme. Para que la pierna se estire, el punto fijo es el talón. Cuando los talones presionan contra la pared, los pies se plantan con mayor potencia en el suelo, produciendo una extensión de piernas más intensa. Asimismo, con las manos apoyadas firmemente contra la pared, el estiramiento de brazos se intensifica.

Este principio se aplica aún más a la pierna atrasada en las posturas en pie. Ésta es la pierna estable, cuya principal función es servir de contrapeso en el movimiento del cuerpo sobre la pierna adelantada y para contrarrestar el peso corporal que recae sobre ella. Cuando estas posturas se hacen en medio de la habitación, la pierna atrasada a menudo se halla inestable. Con el apoyo de la pared para el pie de atrás, la pierna se afirma y puede estirarse y rotar sin temblar. Una vez las piernas están entrenadas de este modo, conservan su fuerza incluso en medio de la habitación.

Aparte de permitir al cuerpo moverse más vigorosa y establemente, la pared también proporciona un punto de referencia mediante el cual orientar los movimientos con precisión. Las extremidades o los músculos se estiran apartándose de la pared, rotan hacia ella, presionan contra ella, etc. Este sentido de dirección se conserva en el cuerpo incluso cuando ya no se apoya en la pared.

También sirven a este fin otros accesorios. En la Postura del Medio Arado (*Ardha-Halāsana*), apoyando los pies en un taburete, las rodillas pueden mantenerse tensas con mayor facilidad y las piernas elevarse mejor y durante más tiempo.

El principio de apoyo que capacita al cuerpo se aplica a todas las posturas. Sin embargo, el accesorio no necesariamente se usa para aumentar la fuerza. En *Supta-Baddha-Koṇāsana*, los pies se disponen contra la pared para evitar que se resbalen y lograr así una mayor apertura inguinal. Esto también puede hacerse manteniendo fijas las piernas atándoselas con un cinturón. En ambos casos, es el soporte estable (el ancla, por así decir) el que permite más movimiento.

Otra importante función de los accesorios es ayudar a liberar tensión. Cuando se practica la Postura del Cadáver (*Śavāsana*) con las pantorrillas apoyadas en una silla, ésta soporta el peso de las piernas. Debido a esto, la parte inferior de la espalda, libre de la tracción de las piernas, y capaz de tenderse completamente plana, se relaja. Esto permite al abdomen hundirse hacia la columna vertebral y relajarse, a su vez. Así pues, mediante el sencillo recurso de estabilizar la parte inferior de la espalda sobre el suelo, la silla permite la realineación pasiva de los músculos y el tejido blando.

अधोमुख-श्वानासन
Adho-Mukha-Śvānāsana

Postura del Perro, Boca Abajo

Presionando las manos y los pies contra la pared, se proporciona una fuerza doble a los estiramientos de los brazos y de las piernas.

Método 1

Arrodíllese a unos 60 cm de frente a una pared. Eleve las caderas y apoye las manos en la pared, presionando contra ella con los pulgares y los índices. Amplíe lo más posible el hueco existente entre el pulgar y el índice y mantenga en el suelo toda la palma de la mano. Extienda los brazos y estírelos hacia los hombros. Flexione los dedos de los pies.

Eleve las caderas y enderece las piernas. Alce las espinillas, presiónelas hacia la pared y baje los talones. Desplace el tronco hacia las piernas de modo que el cuerpo adopte la forma de una V invertida. Respire acompasadamente.

Permanezca en la postura entre 30 segundos y 1 minuto. Flexione las rodillas y descienda. Arrodíllese y flexione el tronco para adoptar *Adho-Mukha-Vīrāsana* (véase Unidad 2, pág. 42). Incorpórese.

Método 2

Arrodíllese de espaldas a la pared. Siga el método indicado en la Unidad 3 (pág. 60), colocando la cara posterior de los talones contra la pared. Alce las espinillas y los muslos en dirección a la pared y presione las piernas intensamente hacia atrás.

Para progresar

Como si apartase la pared empujándola, estire los brazos y el tronco intensamente hacia las piernas. No flexione los codos.

त्रिकोणासन *Trikoṇāsana*

Postura del Triángulo

Apoyando el pie atrasado en una pared, la inestabilidad articular se transforma en estabilidad, una cualidad esencial de todas las posturas.

Adopte *Tāḍāsana* (véase Unidad 1, pág. 19) a unos 60 cm de una pared, con el costado izquierdo vuelto hacia ella. Lleve el pie izquierdo a la pared, colocando contra ella el borde externo del pie. Abra bien las piernas, separándolas entre sí 105-120 cm. Coloque un ladrillo detrás del pie derecho (así resulta más fácil realizar la postura y concentrarse en la pierna atrasada). Gire el pie derecho 90 grados hacia fuera. Alinee el centro del talón derecho con el centro del arco plantar izquierdo. Gire cada pierna hacia fuera. Tense las rótulas y tire hacia arriba de la musculatura de los muslos. Flexione el brazo izquierdo y coloque las yemas de los dedos sobre la pared alineadas con los hombros. Estire el brazo derecho hacia la derecha.

Espire y baje el tronco lateralmente hacia la derecha y apoye la mano derecha sobre el ladrillo. Apoye la mano izquierda en la cadera y gire el tronco intensamente hacia arriba.

Estire hacia arriba el brazo izquierdo y gire la palma para que quede vuelta hacia el frente. Gire el cuello y la cabeza y alce la vista, para mirar la mano. Respire acompasadamente.

Permanezca en la postura durante 20-30 segundos. Inspirando, incorpórese. Gire los pies hacia el frente y descanse los brazos. Luego repita por el otro lado.

Inspire e incorpórese. Espirando, una los pies y baje los brazos.

Para progresar

Presione hacia abajo el borde externo del pie izquierdo contra la pared y eleve el arco plantar y la cara interna del tobillo. Afirme la cara interna de la pierna y desplace la pierna intensamente hacia la pared. Gire la pierna derecha hacia fuera y presione hacia dentro la nalga derecha. Recoja los omóplatos y atrase los hombros y la cabeza.

पार्श्वकोणासन *Pārśvakoṇāsana*

Postura del Ángulo Lateral

Cuando se extrae fuerza del apoyo de la pared, se introduce energía dinámica en la postura.

Adopte *Tāḍāsana* (véase Unidad 1, pág. 19) a unos 60 cm de una pared, con el costado izquierdo vuelto hacia ella. Lleve el pie izquierdo a la pared, colocando contra ella el borde externo del pie. Abra bien las piernas, separándolas entre sí 120-135 cm. Disponga horizontalmente un ladrillo detrás del pie derecho (así resulta más fácil realizar la postura y concentrarse en la pierna atrasada). Gire el pie derecho 90 grados hacia fuera. Alinee el centro del talón derecho con el centro del arco plantar izquierdo. Gire cada pierna hacia fuera. Tense las rótulas y tire hacia arriba de la musculatura de los muslos. Flexione el brazo izquierdo y coloque las yemas de los dedos sobre la pared alineadas con los hombros. Estire el brazo derecho hacia la derecha.

Espire y flexione la pierna derecha para formar un ángulo recto, con la espinilla vertical y el muslo horizontal. A la vez, baje el tronco lateralmente hacia el muslo y coloque la mano derecha sobre el ladrillo. Apoye la mano izquierda sobre la cadera. Gire el tronco hacia arriba.

Alce el brazo izquierdo por encima de la cabeza, con la palma vuelta hacia abajo. Gire el cuello y la cabeza y alce la vista para mirar el brazo. Respire de manera acompasada y sin forzar.

Permanezca en la postura durante 20-30 segundos. Inspirando, incorpórese. Gire los pies hacia el frente y descanse los brazos. Luego repita por el otro lado.

Inspire e incorpórese. Espirando, una los pies y baje los brazos.

Para progresar

Presione hacia abajo el borde externo del pie izquierdo contra la pared y eleve el arco plantar y la cara interna del tobillo. Afirme la cara interna de la pierna y desplace la pierna intensamente hacia la pared. Mantenga el giro hacia fuera de la pierna derecha mientras la flexiona; baje la parte alta del muslo. Presione hacia dentro la nalga derecha y hacia atrás la rodilla. Meta los omóplatos y atrase los hombros y la cabeza.

वीरभद्रासन १ *Vīrabhadrāsana 1*

Postura del Guerrero 1

La estabilidad de la pierna atrasada permite un potente impulso ascendente de los brazos.

Adopte *Tāḍāsana* (véase Unidad 1, pág. 19) a unos 60 cm de una pared, con el costado izquierdo vuelto hacia ella. Lleve el pie izquierdo hasta la pared, colocando contra ella su borde externo. Abra bien las piernas, separándolas entre sí 120-135 cm. Gire el pie derecho 90 grados hacia fuera y rote la pierna hacia el exterior. Gire el pie izquierdo profundamente hacia dentro (60 grados), para que sólo el talón se halle apoyado contra la pared. Rote al mismo tiempo la pierna izquierda hacia dentro. Alinee el centro del talón derecho con el centro del arco plantar izquierdo. Coloque las manos en las caderas y gire el tronco hacia la derecha. Tense las rótulas y tire hacia arriba de la musculatura de los muslos.

Espirando, flexione la pierna derecha para formar un ángulo recto, con la espinilla vertical y el muslo horizontal. Mantenga vertical el tronco.

Eleve los brazos por encima de la cabeza, con las palmas de las manos vueltas una hacia la otra. Tense los codos, y estire los brazos y el tronco hacia arriba. Atrase la cabeza y alce la vista. Respire acompasadamente y sin forzar.

Permanezca en la postura durante 20-30 segundos. Inspirando, incorpórese. Gire los pies hacia el frente y descanse los brazos. Luego repita por el otro lado.

Inspire e incorpórese. Espirando, una los pies y baje los brazos.

Para progresar

Presione el borde externo del talón izquierdo firmemente contra la pared, y eleve el arco plantar y la cara interna del tobillo. Afirme la cara interna de la pierna y desplace la pierna intensamente hacia la pared. Gire el abdomen de izquierda a derecha para ayudar en el giro de las caderas. Baje la parte alta del muslo y eleve la pelvis y la caja torácica.

Ayuda

- **Para girar más las caderas, coloque la planta del pie atrasado sobre la pared, manteniendo sólo los dedos del pie en el suelo.**

उत्तानासन *Uttānāsana*

Estira-miento Intenso

Extender hacia arriba el tronco y los brazos es agotador para el corazón; relajarlos hacia abajo elimina la tensión.

Siga el método indicado en la Unidad 5 (pág. 90).

Para progresar

Estire las plantas de los pies para proporcionar a la postura una base más amplia. Extienda las eminencias plantares y los dedos hacia delante y estire los talones hacia atrás.

Afirme las caras internas de las piernas y apártelas entre sí. Separe los ísquiones.
Relaje el tronco hacia abajo desde las caderas y suelte los brazos hacia abajo desde los hombros.

वीरभद्रासन २ *Vīrabhadrāsana 2*

Postura del Guerrero 2

Una mitad del cuerpo sirve de contrapeso a la otra mitad para lograr una postura equilibrada.

Adopte *Tāḍāsana* (véase Unidad 1, pág. 19) a unos 60 cm de una pared, con el costado izquierdo vuelto hacia ella. Lleve el pie izquierdo a la pared, colocando contra ella su borde externo. Abra bien las piernas, separándolas entre sí 120-135 cm. Gire el pie derecho 90 grados hacia fuera. Alinee el centro del talón derecho con el centro del arco plantar izquierdo. Gire cada pierna hacia el exterior. Tense las rótulas y tire hacia arriba de la musculatura de los muslos. Flexione el brazo izquierdo y coloque las yemas de los dedos sobre la pared alineadas con los hombros. Estire el brazo derecho hacia la derecha.

Espire y flexione la pierna derecha para formar un ángulo recto, con la espinilla vertical y el muslo horizontal. Mantenga el tronco vertical. Gire el cuello y la cabeza hacia la derecha. Respire acompasadamente y sin forzar.

Permanezca en la postura durante 20-30 segundos. Inspirando, incorpórese. Gire los pies al frente y descanse los brazos. Luego repita por el otro lado.

Inspire e incorpórese. Espirando, una los pies y baje los brazos.

Para progresar

Presione hacia abajo el borde externo del pie, contra la pared, y eleve el arco plantar y la cara interna del tobillo. Afirme la cara interna de la pierna y desplace intensamente la pierna hacia la pared. Mantenga el giro externo de la pierna derecha mientras la flexiona; baje la parte alta del muslo y atrase la rodilla.

पार्श्वोत्तानासन *Pārśvottānāsana*

Estira-miento Lateral Intenso

La pared proporciona estabilidad extra a este estiramiento dinámico de ambas piernas.

Adopte *Tāḍāsana* (véase Unidad 1, pág. 19) a unos 60 cm de una pared, con el costado izquierdo vuelto hacia ella. Lleve el pie izquierdo a la pared, colocando contra ella su borde externo. Abra bien las piernas, separándolas entre sí 105-120 cm. Gire el pie derecho 90 grados hacia fuera y rote la pierna hacia el exterior. Gire el pie profundamente hacia dentro (60 grados), para que sólo el talón se halle apoyado en la pared. Rote al mismo tiempo la pierna izquierda hacia dentro. Alinee el centro del talón derecho con el centro del arco plantar izquierdo. Coloque las manos en las caderas y gire el tronco hacia la derecha. Tense las rótulas y tire hacia arriba de la musculatura de los muslos.

Coloque dos ladrillos verticales a cada lado del pie derecho. Flexione el tronco a partir de las caderas y coloque las manos sobre los ladrillos, manteniendo extendidos los brazos. Presione hacia abajo el sacro y el tramo dorsal de la columna, como si los pusiera cóncavos, y alargue la cara anterior del tronco. Alce la cabeza.

Flexione los codos y baje el tronco hacia la pierna derecha. Relaje la cabeza. Respire acompasadamente.

Permanezca en la postura durante 20-30 segundos. Inspirando, incorpórese. Repita por el otro lado.

Para progresar

Baje la cadera izquierda para nivelarla con la derecha. Desplace la pelvis ligeramente hacia la izquierda para que la columna vertebral forme una línea recta. Suelte el tronco hacia abajo a partir de las caderas y extienda los costados de la caja torácica.

सुप्त-बद्धकोणासन
Supta-Baddha-Koṇāsana

Postura Supina del Ángulo Ligado

Después de haberse estirado intensamente los isquiotibiales, se produce un alivio en la forma de flexionar las piernas.

Siga el método indicado en la Unidad 4 (pág. 74). Estire los brazos por encima de la cabeza.

Para progresar

Incremente el tiempo en la postura.

सर्वाङ्गासन *Sarvāṅgāsana*

Equilibrio sobre los Hombros

La tranquilidad emocional como resultado de la sensación de estar amparado es el regalo de esta postura.

Advertencias

Véase Unidad 3 (pág. 62).

Siga el método indicado en la Unidad 5 (pág. 93).

Para progresar

Eleve la caja torácica apartándola de los hombros. Manteniendo la altura de la parte superior del tronco, alce las caderas y estire las piernas. Cuanto mejor sea la posición de los brazos y los hombros, mejor será la elevación en la postura.

हलासन *Halāsana*

Postura del Arado

Poder verse únicamente a sí mismo y nada más ayuda a calmar los sentidos y devuelve a la mente la tranquilidad.

Advertencias

Véase Unidad 3 (pág. 62).

Adopte *Sarvāṅgāsana* (véase Unidad 5, pág. 93). Flexione las piernas y apoye los pies en un soporte.

Enderece las rodillas, y eleve las caderas y el tronco. Respire acompasadamente.

Permanezca en la postura durante 1-2 minutos. Flexione las piernas y descienda deslizándose suavemente.

Para progresar

Reajuste las manos sobre la espalda para elevar más el tronco. Adelante el pecho. Presione las piernas hacia arriba.

शवासन *Śavāsana*

Postura del Cadáver

El abdomen, que normalmente alberga mucha tensión, se relaja cuando las piernas se apoyan en una silla.

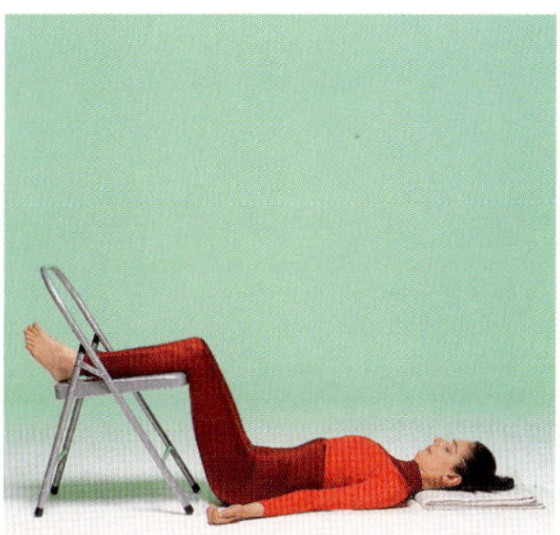

Siéntese delante de una silla. Échese de espaldas formando una línea recta y manteniendo las piernas flexionadas. Coloque las pantorrillas sobre el asiento. Acérquese la silla si es necesario, para que sostenga las pantorrillas enteras. Colóquese una manta doblada debajo de la cabeza y el cuello. Presione los hombros contra el suelo y meta los omóplatos. Gire los brazos hacia fuera de manera que los bíceps queden vueltos hacia el techo. Estire los brazos y déjelos caer a los lados. Relaje las manos, dejando que los dedos se recojan naturalmente. Cierre los ojos y relaje la cara.

Para progresar

Observe la relajación del abdomen y cómo esto hace que todo el cuerpo también se relaje adecuadamente.

El origen del mundo

CONCEPTOS CLAVE

Cualidades de la Materia Se refiere a tres cualidades básicas inherentes a la Materia Primigenia: iluminación, actividad e inercia. En su sentido más lato abarca una amplia gama de atributos, como, por ejemplo, los colores; algunos autores entienden cualidad en este sentido lato y elaboran una imagen poética de la Materia. Otro significado de esta palabra es «cuerda» o «soga». Esta acepción contribuye a la imagen de la Materia como atadura del alma.

Comenzando por el alma y sus sufrimientos, hemos rastreado la mente como fuente de sufrimiento. Dado que liberarse de una enfermedad compleja y profundamente arraigada no es posible a menos que se estudie a fondo la enfermedad, hemos intentado hacernos una idea del funcionamiento de la mente. Nuevas investigaciones nos llevan a buscar el origen del que surge la mente: la Materia Primigenia.

Las tres cualidades de la Materia

Según las escuelas *Sāṃkhya-Yoga* la fuente esencial, sutil e imperceptible del mundo material, *prakṛti,* posee tres cualidades (*guṇas*): iluminación (*sattva*), actividad (*rajas*) e inercia u oscuridad (*tamas*). El mundo hereda de su causa (la Materia Primigenia) estas cualidades. Explican la triple respuesta (conocimiento, actividad e ignorancia) que todo objeto del mundo es capaz de provocar. Los *guṇas*, al ser los atributos básicos, esenciales, del mundo material, sólo pueden deducirse.

Entrando en detalles sobre las características de las tres cualidades, se afirma que:

1. La naturaleza de *sattva* es el gozo. Consecuentemente, se asocia con actitudes tales como la satisfacción con lo que se tiene, que producen la felicidad. Su efecto es la iluminación. Es luminosa.

2. La naturaleza de *rajas* es el dolor. Consecuentemente se asocia con actitudes tales como el odio, que producen dolor. Su efecto es la actividad. Es activa.

3. La naturaleza de *tamas* es la confusión. Consecuentemente, se asocia con actitudes tales como el miedo, que provocan confusión. La ocultación y el estancamiento son sus efectos. Es pesada.

Estas cualidades funcionan de tres modos: en oposición, en apoyo mutuo y estimulándose entre ellas. Son complementarias entre sí de forma muy parecida a como el aceite, la mecha y el calor se combinan para producir una llama, o, por poner otro ejemplo, como el electrón, el neutrón y el protón cooperan en el interior de un átomo.

El proceso de evolución

Mientras las cualidades de la Materia (*prakṛti*) se hallen en equilibrio, el mundo material no evoluciona ni aparece; sin embargo, se supone su existencia de forma sutil. A medida que la Materia evoluciona transformándose en el mundo material, primero da lugar al principio de inteligencia. A partir de ahí evoluciona la individualidad. Sin un sentido de yo individual, no es posible ninguna evolución posterior, pues toda actividad creativa se formula primero en una inteligencia «consciente de su propia identidad». Debo la existencia del presente escrito a «mi intelecto», que comprende dos elementos: «mi» e «intelecto». De ellos, «mi» representa el elemento «egótico», e «intelecto» representa la organización del estudio que he acometido durante muchas décadas. Como el sentido del yo depende de la inteligencia, ésta tiene que precederlo.

A partir del sentido del yo, se producen 16 facultades. Once se relacionan con la creación sensible: cinco facultades de los sentidos (oído, tacto, vista, gusto y olfato), cinco facultades de la acción (habla, manos, pies, ano y órganos sexuales), y la mente, que comparte ambos aspectos: el sentir y la acción.

Los restantes principios que evolucionan a partir de la Materia se relacionan con la creación insensible. Existen cinco propiedades esenciales de los elementos (sonido, tacto, forma-y-color, gusto y olor), a partir de las cuales surgen los cinco elementos materiales fundamentales (espacio, aire, fuego, agua y tierra).

Las cinco facultades de los sentidos, las cinco facultades de la acción y las cinco propiedades esenciales de los elementos, unidas con la mente, el intelecto y el sentido del yo, constituyen el cuerpo sutil. Éste es independiente del cuerpo físico perecedero. Recubre el alma, y mediante él ésta se encarna. La liberación de la cadena de nacimiento, muerte y renacimiento puede lograrse sólo a través del conocimiento de que el alma es algo bien diferenciado de la Materia.

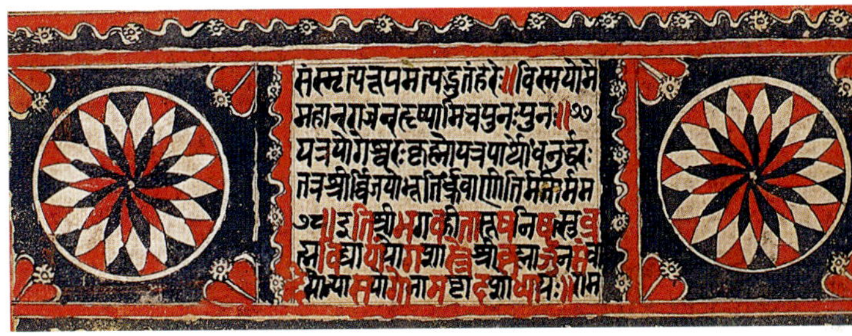

Guarda de un manuscrito ilustrado del *Bhagavad-Gītā* no fechado, que se conserva en el Instituto Bhandarkar de Investigaciones Orientales, de Puna (India).

El mundo emocional

Aparte del mundo material o elemental, la escuela *Sāṃkhya* detalla un mundo emocional óctuple que evoluciona a partir del principio de inteligencia. Consta de cuatro pares de opuestos: virtud y pecado, conocimiento e ignorancia, desapego y apego, poder y debilidad. (Existe también otro esquema ligeramente diferente.) Por tanto, el mundo posee dos aspectos básicos: *a)* el mecanismo real que atrapa al alma (el mundo fenoménico), y *b)* el sistema afectivo que activa este mecanismo (el mundo emocional). La doble división es una necesidad lógica, pues ninguno de los dos puede funcionar sin el otro: en ausencia del cuerpo sutil (mundo fenoménico), ningún destino llegaría a existir; sin destino (mundo emocional), ningún cuerpo sutil llegaría a existir. Como los dos mundos son interdependientes, es de nuevo una necesidad lógica considerar que su cadena carece de comienzo, como es el caso con la semilla y el árbol. No podemos decir cuál va primero.

La mente como parte de la materia

Esta teoría de la evolución presenta las facultades mentales (inteligencia, sentido de individualidad y mente) como parte de la Materia, a diferencia del principio consciente, el alma (*puruṣa*), que es Espíritu.

Que la mente forme parte de la Materia puede comprenderse mediante una analogía con el carácter mecánico de un ordenador, que es un instrumento de inteligencia «artificial». Lleva a cabo una serie determinada de instrucciones hasta que el usuario le da otras. En la manera filosófica de pensar, el papel del alma es comparable con el del usuario, cuya identidad bien diferenciada del instrumento y del programa es incuestionable. El alma también posee una identidad claramente diferenciada puesto que puede «cambiar de idea», «de opinión» o «de parecer». En otras palabras, la identidad del alma la prueba no tanto la continuidad de la función mental como su cambio. El argumento del *Sāṃkhya-Yoga* de que el alma y la mente son distintas en virtud de sus papeles como observador y observado puede no ser diferente del argumento de que el usuario del ordenador y el programa son distintos.

¿Por qué actúa la Materia?

Según la filosofía yóguica, el propósito de la actividad de la Materia (*prakṛti*) es el cautiverio y liberación del alma (*puruṣa*). El alma es inactiva y pasiva por naturaleza; en sí misma no está implicada en el proceso de cautiverio y liberación. El Sol no se ve afectado cuando una nube tapa la visión del observador y después se dispersa; es la nube la que va y viene. La cuestión entonces planteada es qué es lo que hace que la Materia insensible haga lo que hace: primero implicar al alma en el sufrimiento y luego efectuar su liberación. Esta cuestión se responde diciendo que, aunque sea insensible, la Materia actúa para lograr este doble propósito por naturaleza, del mismo modo que la leche, que carece de conciencia, se forma de manera natural para la nutrición del ternero. En otras palabras, está en la naturaleza de la Materia someter al alma al sufrimiento cuando es ignorante de su verdadero yo, y dejarla en paz cuando llega a darse cuenta de su naturaleza pura. Esta respuesta admite implícitamente las limitaciones del razonamiento al definir la realidad y ha dado lugar a contraargumentos de escuelas filosóficas rivales.

En resumen

El alma es distinta de la mente, pues la observa;
la mente insensible es movida a la acción por la mera presencia del alma.

El cuerpo sutil, que comprende inteligencia, individualidad, facultades y propiedades de los elementos,
evolucionó a partir de la Materia; es la causa de la vida mundana del alma.

Mientras el alma no sepa que ella misma es distinta de eso,
sufre en la vida; al saberlo, alcanza la liberación.

La Materia inconsciente actúa para cegar y liberar al alma,
como la leche, insensible, fluye para nutrir al ternero.

Para una perspectiva más amplia...

La variedad en la vida

El *Bhagavad-Gītā* explica cómo las «cualidades» de la Materia (*guṇas*) actúan en la vida. La cualidad *sattva* es limpia, esclarecedora y saludable; ata al alma mediante el apego a la felicidad y el conocimiento. La cualidad *rajas* es parcial y da lugar al deseo, al apego, a la avaricia y a la falta de paz; ata al alma mediante el apego a la acción. La cualidad *tamas* surge de la ignorancia y es engañosa y reacia a la actividad; ata al alma mediante la negligencia, el aletargamiento y el sueño.

En una vida concebida en función de *sattva*, el conocimiento es de una clase que percibe un único principio omnipresente en todos los seres. La acción se realiza sin apego al resultado, y no la anima el amor o el odio. La persona es desapegada, dotada de valor y dinamismo, y no se ve afectada por el éxito o el fracaso. La felicidad es como veneno al principio, pero como néctar al final.

En una vida concebida en función de *rajas*, el conocimiento es de una clase que observa diversos principios en todos los seres. La acción se realiza con apego al resultado, está dominada por el ego y exige un gran esfuerzo. La persona se apega a los beneficios, es avariciosa, violenta, sucia, y susceptible de gozo y pesar. La felicidad es como néctar al principio, pero como veneno al final.

En una vida concebida en función de *tamas*, el conocimiento no tiene sentido, es estrecho y superficial. La acción se realiza sin consideración de sus efectos negativos y está arraigada en la ignorancia. La persona está descontenta, es inculta, inmodesta, vengativa, perezosa, depresiva y torpe. La felicidad es engañosa, como la que se obtiene del sueño, la pereza y la negligencia.

La eternalidad del mundo

A diferencia de otros sistemas de filosofía india, las escuelas *Sāṃkhya-Yoga* no conciben repetidas creaciones y destrucciones del mundo a gran escala. El mundo evolucionó, de una vez por todas, a partir de la Materia Primigenia cuando el equilibrio de sus tres cualidades (*sattva*, *rajas*, *tamas*) se vio perturbado por el elemento sensible, el Espíritu. Sin embargo, a escala individual ocurren procesos cíclicos de evolución e involución. Los cuerpos físicos de las almas surgen de la Materia Primigenia y se funden en ella de acuerdo con su destino. La única excepción a esto son las almas liberadas, para las cuales este proceso termina, al fundirse totalmente en su origen el depósito material perteneciente a ellas. Para las almas no liberadas, el mundo continúa como antes. Dejará de funcionar sólo si todas las almas son liberadas (una situación imaginaria, considerando la rareza de las almas que se vuelven hacia el camino espiritual y la aún mayor rareza de que estas almas alcancen la etapa de realización). Conclusión: el mundo nunca se detendrá.

Así pues, tanto la Materia como el Espíritu o alma son eternos: aquélla, eternamente cambiante o mutable, y éste, absolutamente eterno (es decir, inmutable). La eternalidad de la Materia la sostiene el hecho de que su identidad continúa a pesar del cambio.

Unidad 8

La serpiente
inmortal,
Ananta.

El Yoga en la vida

TIEMPO Y MENTE

El camaleón Tiempo
se altera
de acuerdo con el contexto de
la mente
que le proporciona
manchas fugaces o
parsimoniosas.

La camaleona Mente
modifica
el color de las palabras y
acciones pensadas
para ajustarse
al escenario del presente.

¿Por qué damos importancia al tiempo en nuestra vida? Nos colocamos dentro de él, lo usamos como punto de referencia para nuestros pensamientos, emociones y acciones, tratamos de someterlo a nuestra voluntad, seguimos sus dictados, y le concedemos asociaciones positivas o negativas. Pero la relación del tiempo con nosotros mismos es un constructo psicológico, no una realidad.

Según la filosofía yóguica, el tiempo es una cualidad innata de los objetos, que contienen en sí mismos su pasado, su presente y su futuro.[1] El desarrollo, la existencia y la decadencia (o la terminación, lo existente y lo potencial) constituyen la realidad de todos los objetos materiales.

La unidad tangible de existencia es el momento, la fracción de tiempo que ni ha desaparecido ni está por venir. Es sólo al final de una sucesión de momentos cuando puede percibirse el patrón de cambio en un objeto.[2]

Con esta perspectiva del tiempo como algo independiente de la mente, el yogui vive en el presente y no se ve atrapado por los recuerdos ni por las esperanzas. Pues sólo el presente es real, y la claridad mental únicamente puede proceder de situarse en la perspectiva de lo real.

[1] *Yoga Sūtra 4.12*

[2] *Yoga Sūtra 4.32*

Relajar la cabeza

Si el cuerpo es el vehículo para las actividades vitales, es también el vehículo para la relajación. El alivio de dolores y tensiones físicos contribuye al bienestar mental. Sin embargo, la mente está sujeta a tensiones que le son propias: ansiedades, presiones laborales, trastornos emocionales, etc. Aunque estas tensiones tienen repercusiones en el cuerpo, su principal ubicación es la cabeza, que alberga el centro de control de la actividad sensorial y mental, el cerebro. Poner a prueba los sentidos y el cerebro produce fatiga; preocuparse y dar rienda suelta a emociones produce un estado de inquietud o agitación mental.

Cuando los sentidos y el cerebro están cansados, necesitan renovarse. Llena de emoción, la mente necesita calmarse y centrarse. Sin embargo, es difícil controlarla directamente. En el Yoga, el acceso a los estados mentales se logra a través del cuerpo. Las posturas tienen efectos psicológicos además de físicos. Así, practicando ciertas secuencias de posturas, pueden alterarse a voluntad los estados mentales.

Ya tenga causas físicas o psicológicas la tensión mental, el primer paso es hacer que el cuerpo se relaje en una postura sencilla con apoyo. El Puente en Equilibrio sobre los Hombros (*Setu-Bandha-Sarvāṅgāsana*) actúa como reconstituyente. Dado que el cuerpo está tendido de espaldas, la tensión desaparece, pero al mismo tiempo la entrada de oxígeno se ve estimulada por el soporte del almohadón cilíndrico para el pecho. La alteración de la relación espacial entre la cabeza y el corazón ejerce un efecto revitalizador sobre el cerebro. Otras posturas supinas con apoyo mantenidas durante cierto tiempo revitalizan de forma similar el cuerpo e inducen tranquilidad.

Igual que el cuerpo se relaja profundamente cuando se sostiene de diversas formas en apoyos, también se relaja la cabeza cuando se apoya en un soporte. La mayoría de los órganos de los sentidos se localizan en la mitad frontal de la cabeza. Hay, por tanto, mucha tensión en la cara y la parte anterior del cerebro. En la vida diaria el rostro se mantiene vertical durante el día y supino o lateral por la noche durante el sueño. Sólo raramente se flexiona hacia delante. Pero esta posición sigue la dirección de la gravedad y, por tanto, alivia instantáneamente la tensión. Aún se siente mayor beneficio cuando la cabeza se apoya en un accesorio.

En la Postura de Estiramiento Intenso (*Uttānāsana*) y en la Postura del Perro (*Adho-Mukha-Śvānāsana*) la cabeza se invierte y se apoya en un soporte. La columna vertebral también se invierte, y el alivio resultante para los nervios incrementa el efecto tranquilizador de estas posturas.

La posición prona de la cabeza en las flexiones de tronco hace que el cuello se relaje, aliviando así la tensión del cerebro. Al mismo tiempo, la frente presiona suavemente sobre el soporte. Esta suave presión produce una sensación de alivio, que reemplaza la agitación mental.

Las flexiones de tronco pueden ser duras para la espalda, pero la tensión se alivia rotando la columna vertebral en una sencilla postura de torsión. El estado mental tranquilo generado por todas estas posturas se continúa y refuerza en una postura final invertida y en la del Cadáver (*Śavāsāna*).

सेतुबन्ध-सर्वाङ्गासन

Setu-Bandha-Sarvāṅgāsana

El Puente en Equilibrio sobre los Hombros

Estirándose en un suave arco, las tensiones desaparecen del cuerpo y la mente.

Coloque un almohadón cilíndrico encima de un bloque de madera o una manta doblada, de modo que se eleve la parte media del almohadón. Siéntese sobre el almohadón y agárrese de uno de sus extremos.

Adelántese un poco e inclínese hacia atrás. Tiéndase de modo que la espalda y los muslos se hallen sostenidos por el almohadón y la cabeza y los hombros se hallen en el suelo. Extienda las piernas. Lleve los brazos por encima de la cabeza. Respire acompasadamente y relájese. Permanezca en la postura entre 2 y 5 minutos.

Para descender, deslícese hacia atrás a fin de bajar del almohadón. Una vez sentado con las piernas cruzadas flexione el tronco y apoye la cabeza en el almohadón.

Ayuda

- **Si el pecho se hunde, apoye los brazos junto al tronco.**

- **Si siente la espalda tensa, eleve los pies colocándolos sobre un apoyo.**

Para progresar

Aumente la altura del soporte central, colocando, por ejemplo, un segundo almohadón cilíndrico transversalmente debajo del almohadón superior.

मत्स्यासन *Matsyāsana*

Postura del Pez

Cuando las piernas están cruzadas, el abdomen se relaja; esto ayuda de manera directa a calmar la mente.

Siga el método indicado en la Unidad 4 (pág. 73).

Para progresar

Ponga la espalda ligeramente cóncava para que se eleve la caja torácica, pero no se hunda en el almohadón.

सुप्त-बद्धकोणासन *Supta-Baddha-Koṇāsana*

Postura Supina del Ángulo Ligado

Tenderse sobre un almohadón cilíndrico horizontal extiende el abdomen e invierte el pecho, induciendo rápidamente relajación.

Siéntese sobre un almohadón cilíndrico colocado horizontalmente. Flexione las rodillas lateralmente y una las plantas de los pies. Acérquese los talones al pubis. Para dejar que las piernas se relajen, átese los muslos y las espinillas, usando dos cinturones. Pase cada cinturón en torno a la parte superior del muslo y la inferior de la espinilla. Ténselo, con la hebilla entre el muslo y la pantorrilla.

Deslícese para bajar del almohadón y tiéndase de espaldas sobre él. Coloque una manta doblada debajo de la cabeza y el cuello. Lleve los brazos por encima de la cabeza. Respire acompasadamente y relájese.

Mantenga la postura 2-5 minutos. Eleve las rodillas y desate los cinturones. Vuélvase de lado e incorpórese.

Para progresar

Tense más el cinturón.

Ayuda

- **Si siente forzada la espalda, coloque el almohadón a lo largo. Mantenga los brazos junto al tronco.**
- **Si siente forzadas las articulaciones de la cadera o las ingles, coloque apoyos debajo de los muslos.**

उत्तानासन *Uttānāsana*

Estiramiento Intenso

Cuando la cabeza presiona ligeramente sobre un soporte, el rumor de pensamientos se detiene.

Siga el método indicado en la Unidad 4 (pág. 76).

Para progresar

Mantenga activamente el estiramiento de las piernas sin alterar la relajación del tronco y la cabeza. Presione los bordes exteriores de los pies contra el suelo y eleve los arcos plantares y las caras internas de los tobillos. Mantenga tensas las rodillas y tire hacia arriba de la musculatura de los muslos. Relaje la garganta y las orejas.

अधोमुख-श्वानासन *Adho-Mukha-Śvānāsana*

Postura del Perro, Boca Abajo

Cuanto más adopta el cuerpo la forma de esta postura, mejor es la relajación.

Siga el método indicado en la Unidad 4 (pág. 75).

Ayuda

- **Coloque las manos apoyadas contra la pared (véase Unidad 7, pág. 119).**

Para progresar

Presionando intensamente las piernas para apartarlas del tronco, acerque éste hacia las piernas. Eleve las caderas.

अधोमुख-वीरासन
Adho-Mukha-Vīrāsana

Postura del Héroe, Boca Abajo

Con la frente ligeramente presionada sobre un soporte, el cerebro siente alivio de la tensión.

Arrodíllese delante de un almohadón cilíndrico. Una los dedos de los pies y separe entre sí las rodillas la anchura del tronco. Espire y flexione el tronco a partir de las caderas. Apoye la cabeza y los brazos en un almohadón cilíndrico.

Permanezca en la postura durante 20-30 segundos. Inspirando, incorpórese. Adelante las piernas.

Para progresar

Alargue la cara anterior del cuerpo y adelante el almohadón.

Ayuda

- **Véase «Ayuda» en la Unidad 2, pág. 42.**

सुखासन *Sukhāsana*

Postura Cómoda

Permanecer tranquilamente con la cabeza apoyada en un soporte es espléndido para calmar la mente.

Siga el método indicado en la Unidad 4 (pág. 76).

Para progresar

Baje la altura del soporte situado debajo de la cabeza.

जानुशीर्षासन *Jānuśirṣāsana*

Postura de la Cabeza a la Rodilla

Esta postura, una de las más relajantes, proporciona una sensación de tranquila paz.

Siéntese sobre una o dos mantas dobladas delante de un taburete o silla con una manta sobre el asiento. Extienda las piernas por debajo de él. Flexione la pierna derecha lateralmente, colocando el talón en su propia ingle. Mantenga la pierna izquierda recta y el pie vertical. Espire y flexione el tronco, apoyando la frente y los brazos en el taburete. Respire acompasadamente y relájese.

Permanezca en la postura durante 1-2 minutos. Inspirando, incorpórese. Repita por el otro lado.

Ayuda

- **Si tiene la espalda rígida, siéntese más alto.**

Para progresar

A medida que se relaja la espalda y se alarga la cara anterior del cuerpo, adelante ligeramente el taburete sin levantar la cabeza.

एकपादवीर-पश्चिमोत्तानासन
Ekapādavīra-Paścimottānāsana

Postura de Estiramiento Intenso con Una Pierna en Postura del Héroe

El continuo apoyo de la frente en esta serie de flexiones de tronco hace que la sensación de calma sea inquebrantable.

Siéntese sobre una o dos mantas dobladas delante de un taburete o silla con una manta encima. Extienda las piernas debajo del taburete. Mueva el soporte de la manta para que se halle debajo de la nalga izquierda. Flexione hacia atrás la pierna derecha, manteniendo la rodilla orientada al frente. Mantenga recta la pierna izquierda y el pie vertical. Espire y flexione el tronco, apoyando la frente y los brazos en el taburete. Respire acompasadamente y relájese.

Permanezca en la postura durante 1-2 minutos. Inspirando, incorpórese. Repita por el otro lado.

Ayuda

- **Si tiene la espalda rígida o si le resulta difícil mantener el equilibrio, siéntese más alto.**
- **Si tiene rígidos los tobillos, colóquese una manta enrollada debajo de la parte inferior de la espinilla (véase Unidad 2, pág. 42).**

Para progresar

A medida que la espalda se relaje y la cara anterior del cuerpo se alargue, adelante ligeramente el taburete sin levantar la cabeza.

पश्चिमोत्तानासन *Paścimottānāsana*

Estiramiento Intenso Posterior

Estas flexiones de tronco con apoyo son tan refrescantes y relajantes que ayudan a disipar la agitación de la mente y reducen la tensión sanguínea.

Siéntese sobre una o dos mantas dobladas delante de un taburete o silla con una manta sobre el asiento. Extienda las piernas debajo del taburete. Enderece las rodillas y mantenga los pies verticales. Espire y flexione el tronco, apoyando la frente y los brazos sobre el taburete. Respire acompasadamente y relájese.

Permanezca en la postura durante 2-3 minutos. Inspirando, incorpórese.

Ayuda

- **Si tiene la espalda rígida, siéntese más alto.**
- **Si le duele la espalda después de esta serie de flexiones de tronco, adopte *Parivṛtta-Sukhāsana* (véase Unidad 11, pág. 196).**

Para progresar

A medida que la espalda se relaje y la cara anterior del cuerpo se alargue, adelante ligeramente el taburete sin levantar la cabeza.

सेतुबन्ध-सर्वाङ्गासन

Setu-Bandha-Sarvāṅgāsana

El Puente en Equilibrio sobre los Hombros

Tenderse de espaldas después de flexionar el tronco permite atisbar la sensación de gozo...

Siéntese en un extremo de un almohadón cilíndrico. Átese las piernas a medio muslo con un cinturón; esto elimina el esfuerzo de mantener unidas las piernas.

Adelántese un poco e inclínese hacia atrás de modo que la espalda y los muslos se hallen sostenidos por el almohadón.

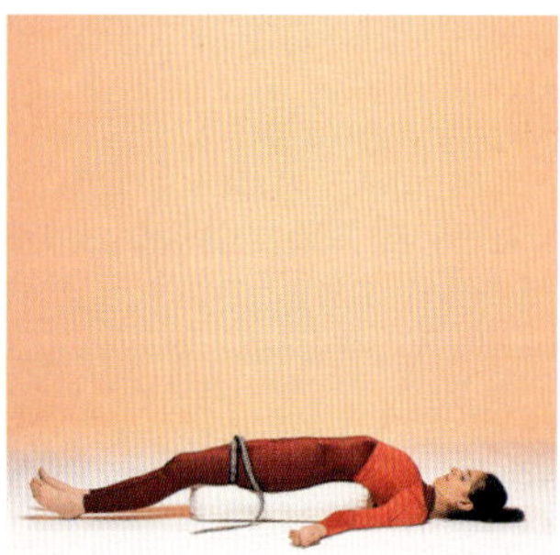

Tiéndase de espaldas de manera que la cabeza y los hombros se hallen en el suelo. Extienda las piernas. Apoye los brazos en el suelo junto al tronco. Respire acompasadamente y relájese. Permanezca en la postura entre 2 y 5 minutos.

Para descender, deslícese hacia atrás a fin de bajar del almohadón. Una vez sentado con las piernas cruzadas, flexione el tronco y apoye la cabeza en el almohadón.

Para progresar

Incremente la altura del soporte, colocando, por ejemplo, mantas dobladas encima del almohadón cilíndrico.

Ayuda

- **Si siente forzada la espalda, eleve los pies colocándolos en un soporte.**

शवासन *Śavāsana*

Postura del Cadáver

Después de una sesión de posturas tranquilizantes, una relajación propiamente dicha viene muy bien, con una sensación de espacio interior, así como de ligereza.

Siga el método indicado en la Unidad 4 (pág. 79).

Ayuda

- **Si el almohadón cilíndrico es demasiado alto para que resulte cómodo, use una o dos mantas dobladas en forma de tira estrecha.**

Para progresar

Sienta el cuerpo abriéndose desde el centro del pecho. No deje que ninguna parte se vuelva a hundir hacia el centro. Concentre la conciencia mental ininterrumpidamente en este centro.

Destino y reencarnación

CONCEPTO CLAVE

Acción (***karma***) En la filosofía india el significado básico de la palabra *karma*, 'acción', se amplía para incluir su poder de provocar consecuencias. Estas consecuencias pueden ocurrir en otras vidas aparte de aquella en la cual se realizaron las acciones. Las acciones de las almas se dividen en tres categorías:

1. Aquellas cuyos poderes se han acumulado.
2. Aquellas cuyos poderes han tenido efecto de manera que sus consecuencias están siendo experimentadas en la vida presente.
3. Aquellas que están siendo actualmente realizadas y cuyos poderes se acumulan en torno al alma y esperan su turno para hacer efecto. La última categoría se conoce como «acciones cuyos poderes han comenzado»; sólo se considera que han terminado cuando sus consecuencias han seguido su curso.

Hemos visto cómo la Materia Primigenia (*prakṛti*) evoluciona dando lugar al complejo cuerpo-mente, que alberga el alma, a fin de que ésta pueda experimentar la vida mundana. El alma supone equivocadamente que el complejo cuerpo-mente le es intrínseco. Mientras persista esta noción errónea, el alma está expuesta al placer y al dolor. Esta experiencia cesa en el momento en que alma cae en la cuenta de que el placer y el dolor no le pertenecen a ella, sino a la mente. Esta etapa se conoce en Yoga como *kaivalya*, aislamiento o liberación del alma de los elementos que la oscurecen. El sistema yóguico analiza el proceso que enreda al alma con los efectos materiales (en especial, la mente).

El funcionamiento de la mente

La mente accede a los objetos a través de los órganos de los sentidos, un proceso conocido como cognición. La cognición ocurre cuando la mente es «teñida» o «coloreada» por los atributos de un objeto que es percibido a través de uno de los órganos de los sentidos. Esto explica por qué algunos objetos que se hallan dentro de la gama perceptible por los órganos de los sentidos permanecen ignotos, porque no tiñen la mente. Teñir o colorear es como pasar por el registro. Los objetos insignificantes, o los objetos que no interesan a la mente, no son registrados aunque pasen por delante de los sentidos. No somos conscientes de los objetos que se hallan dentro de nuestro campo de visión cuando nuestra mente está absorta en el pensamiento. Por lo demás, la mente es como un cristal; refleja el objeto que tiene delante.

Cuando un objeto es percibido, la mente combina los tres factores del proceso de conocimiento: perceptor, medio de percepción y objeto. En otro nivel, refleja al perceptor, el alma.

La acumulación de destino

Las huellas de la memoria y los instintos, así como las raíces del sufrimiento (ignorancia, sentido del yo, etc. —véase Unidad 6—) provocan las acciones que se acumulan en una sola vida. El tipo de especie, la duración de la vida y la naturaleza de las experiencias vienen determinados por las acciones pasadas. Esto significa que un ser humano en la vida presente puede no haberlo sido en vidas pasadas o es posible que no lo sea en vidas futuras. Esta cadena de acciones y de vidas conformadas por ellas no tiene comienzo; puede terminar sólo a través de la comprensión de que el alma y la mente son cosas bien diferenciadas. Como observa el *Bhagavad-Gītā,* para alguien que ha nacido, la muerte es inevitable; para alguien que ha muerto, el renacimiento es inevitable. Esta doctrina básica de la filosofía india se basa en la suposición de que ninguna acción deja de tener consecuencias. Es esta suposición lo que deja espacio para el optimismo en la vida: mejórate a ti mismo y conseguirás tener una próxima vida mejor; la vida presente no es la primera ni será la última.

La teoría de las acciones (*karma*) y sus resultados supone que ninguna acción está acabada hasta que quien las realiza experimenta sus consecuencias. Una acción genera un poder invisible, que sigue existiendo después de que la acción misma ha terminado. Estos poderes o destinos se acumulan en un depósito general, como el balance de una cuenta bancaria. Reducidos a una forma latente (como la imagen en una película, que aparece sólo después de procesarla), esperan su turno para producir consecuencias que el alma experimentará. Si son muy fuertes, producen resultados instantáneos. Salvo esta excepción, se dice que los poderes se consolidan en el momento de la muerte. Su fuerza y prioridad están determinadas, y se unen para producir un solo efecto en la forma de la próxima vida. La duración de la próxima vida, así como las experiencias durante ella, están determinadas por el destino dominante que causa esa vida. Otros destinos, bien *a)* caducan, *b)* refuerzan otro destino más importante, *c)* permanecen sin obrar efecto hasta que un destino fuerte compatible les proporciona la ocasión de producir consecuencias, o bien *d)* son destruidos por destinos de naturaleza contraria (por ejemplo, las buenas acciones anulan las malas). Ésta es una teoría propuesta por el Yoga; rechaza otra opinión de que las acciones se acumulan una tras otra, en fila, mientras se realizan, y que sus consecuencias aparecen en el mismo orden. Si se acepta esta teoría —se arguye— el depósito de acciones o destinos no terminaría nunca.

El destino de los iluminados

¿Qué pasa con el destino de los iluminados? Queda infértil, como las semillas quemadas que ya no pueden producir una cosecha. Son sólo los destinos de las personas atrapadas por las predisposiciones al sufrimiento (ignorancia, sentido del yo, etc.) los que poseen el potencial para provocar la vida y consecuentemente el sufrimiento. El *Bhagavad-Gītā* afirma que «el fuego del conocimiento reduce todos los destinos a cenizas». Además proclama: «No hay nada en todo el mundo que sea tan purificador como el conocimiento».

Las acciones de una persona iluminada después de la iluminación no se tratan como acciones. De ahí que no produzcan consecuencias. La lógica es que la motivación de la persona que obra dé a una acción su carácter como fuerza vinculante. Por ejemplo, a ojos de la ley, un asesino es susceptible de castigo, pues su acción de matar es intencionada. Sin embargo, si una muerte no está motivada por interés, la acción no se considera un crimen. El veredicto del juez produce la muerte del asesino, pero el juez no es un asesino, porque está llevando a cabo su deber imparcialmente.

Esta lógica conduce además a la opinión de que un hombre iluminado permanece vivo hasta que el destino que impulsa su actual encarnación ha seguido su curso. Esta situación ha dado lugar al concepto del hombre iluminado siendo «liberado en vida», que será tratado en la próxima Unidad.

Ilustración del manuscrito del *Bhāgavata Purāṇa* fechado en 1648 d. C.

En resumen

Arraigado en la ignorancia, regado por el sentido del yo,
fructificando en el placer y el dolor, el árbol llamado vida atormenta siempre al alma.

La vida es la causa del destino; la vida es el resultado del destino.
El destino no muere sin dar fruto; termina sólo mediante el conocimiento de que el alma y la mente son cosas bien diferenciadas.

A través del destino, quedan determinadas la forma y la duración de la vida después de la muerte, y aparecen instintos apropiados de vidas previas.

Abrasados por el conocimiento, los destinos no fructifican, aunque sean numerosos.
Abrasadas por el fuego, ¿vuelven a retoñar las semillas de este mundo?

Para una perspectiva más amplia...

Las razones en que se basa la reencarnación

En un intento de explicar la desigualdad y los giros de los acontecimientos en la vida, de otro modo inexplicables, el filósofo ha propuesto la hipótesis de acciones o *karmas*. Asigna estos aspectos de la vida a las acciones buenas (meritorias) o malas (pecaminosas) que las almas han realizado en sus pasadas encarnaciones. Las acciones poseen una forma invisible, potencial y duradera junto a su forma física, que es visible y efímera. Una acción física genera una energía que se aferra al cuerpo sutil del alma y dura hasta que el alma experimenta sus consecuencias, a menos que sea contrarrestada por una acción de naturaleza opuesta. Por ejemplo, una buena acción cortrarresta o anula un pecado. Es debido a la acumulación de acciones y al período de espera antes de que produzcan consecuencias por lo que el alma se mueve continuamente en el ciclo de nacimientos y muertes. La única excepción a esta regla es si el alma llega a comprender su verdadera naturaleza. Esta comprensión la libera y nunca vuelve a verse atrapada en sufrimientos mundanos. La liberación, una vez alcanzada, es permanente. Esta teoría de las acciones suele ser compartida por todas las escuelas filosóficas indias excepto los materialistas.

Cielo, infierno y reencarnación

La tradición india, compartida por el Yoga, contempla la organización del universo desde dos aspectos: ubicación y estatus. El universo consta de siete «mundos», uno encima del otro, con la tierra en el centro y el mundo del Creador en el punto más alto. El Cielo está separado de la tierra por el mundo llamado espacio. Las almas del Cielo y los mundos por encima de él, denominadas genéricamente dioses, poseen un estatus cada vez más elevado. Todos los mundos por encima de la tierra se denominan a veces cielos.

El mundo más bajo es el infierno, que posee seis divisiones donde los pecadores sufren las consecuencias de sus pecados. Por encima del infierno hay siete regiones inferiores, dispuestas una encima de la otra. Las almas de estas unidades poseen un estatus cada vez más bajo. Todas estas regiones, junto con la tierra, se cuentan como un solo mundo en el esquema de siete mundos del universo.

La organización del universo concuerda con los conceptos de acción y de que sus consecuencias provoquen la transmigración. Las almas meritorias van a moradas celestiales y gozan de los frutos de sus buenas acciones hasta que éstos terminan; los pecadores van al infierno y sufren por sus acciones pecaminosas hasta que acaban los efectos de éstas. Cielo e infierno son, pues, catalogados como lugares para experimentar los resultados de acciones, mientras que la tierra es catalogada como el lugar para realizar acciones. En el momento de expirar su «visado» para ir al cielo o al infierno, las almas renacen en la tierra en una especie apropiada a su destino o a sus acciones acumuladas. Sus acciones durante la vida sucesiva son ingresadas en su «cuenta» y determinan su vida futura. Dependiendo de la naturaleza de sus acciones, las almas también nacen directamente en la próxima vida en una especie adecuada a sus acciones. Las buenas acciones conducen al alma, por regla general, a una vida en una especie superior; las malas acciones conducen al alma, generalmente, a una vida en una especie inferior. Las especies de la tierra se clasifican en dos categorías, seres humanos y el resto, a grandes rasgos sobre la base de la construcción vertical y horizontal de sus cuerpos, tanto como su capacidad para moldear su futuro.

Unidad 9

El rey Nimi pregunta a los Sabios sobre el deber (de un *Bhāgavata Purāṇa* ilustrado).

El Yoga en la vida

LA VERDAD

¡Observa el color del firmamento!
¡Píntalo con tu ojo interior!
Pinta los árboles, el sol, las flores;
elige el tema que quieras,
pero sé veraz,
pues si cubres
la oscura sombra de la noche con un tono plateado
o la franqueza o la belleza,
tú serás quien pierda,
tú.

La verdad padece, pero no perece, como dice el refrán, pues la mentira acaba por descubrirse y más presto se coge al mentiroso que al cojo.

La verdad es el segundo de los cinco principios morales establecidos por el Yoga, expresados en términos de restricciones. El primero es negarse a herir a criaturas vivas; éste es la piedra de toque para todos los demás. Los tres restantes son abstenerse del robo, la promiscuidad y la codicia.[1]

La conducta moral, según el Yoga, se aplica no sólo a las palabras y las acciones, sino también a los pensamientos. La verdad se define como la palabra y el pensamiento que coinciden con los hechos. La palabra ha de usarse para comunicar el conocimiento; no debe ser engañosa, ni ambigua, ni vacía de significado. Debe emplearse para hacer el bien a otros, no para herirlos.[2]

Así pues, la filosofía yóguica distingue entre la verdad genuina y espuria. La prueba definitiva es su observancia del principio de no violencia: si decir la verdad daña a alguien y no sirve al final para el bien, sólo debe hacerse después de considerarlo detenidamente.

[1] *Yoga Sūtra 2.30*

[2] *Comentario sobre el Yoga Sūtra 2.30*

Estirar las piernas (1)

Unas piernas fuertes y bien musculadas, pero ágiles, son una bendición en la vida. La fuerza y la agilidad son complementarias, pero no siempre se hallan unidas. Aquélla tiende a asociarse con la rigidez y ésta con la debilidad. Por ejemplo, los culturistas desarrollan músculos gruesos, tensos, que limitan el movimiento de las articulaciones, mientras que los bailarines de *ballet* tienen músculos alargados y articulaciones flexibles que son propensas a las lesiones. En general, los hombres poseen fuerza mientras que las mujeres gozan de flexibilidad. Ambas cualidades se desarrollan en el Yoga.

Como resultado del proceso de envejecimiento y de la acción de la gravedad, los músculos y articulaciones se vuelven laxos o rígidos, o ambas cosas a la vez. El tono y la movilidad se recuperan mediante el estiramiento, el cual implica el alargamiento de los músculos y el tensado de las articulaciones. El procedimiento comienza por las piernas como puntales que sostienen el cuerpo.

Para muchas personas, la carga de mantenerse en pie y caminar es soportada desequilibradamente entre la parte superior e inferior de las piernas. Las espinillas se vuelven rígidas y las pantorrillas poderosas, mientras que la musculatura de los muslos tiende a estar laxa. Esto es lo contrario de lo que pretendía la naturaleza. Sin duda un factor que contribuye a esta situación es la pérdida de movimientos habituales de las caderas y los muslos implicados en sentarse en el suelo y ponerse en cuclillas.

Esta desequilibrada distribución de fuerza en las piernas se rectifica mediante posturas en pie. En ellas, la pierna recta aprende a estirarse mediante diversas acciones: traccionar la rótula hacia atrás para introducirla en la articulación y extender la corva, elevar los músculos de la cara anterior del muslo (cuádriceps) y estirar los isquiotibiales en la cara posterior. Con práctica repetida en toda una serie de posturas, estas acciones transforman las piernas débiles, haciéndolas dinámicas. Las mismas acciones pueden realizarse en posición sedente, como *Upaviṣṭa-Koṇāsana*.

Estirar las piernas continuamente resulta agotador; para aliviar la tensión, estas posturas se siguen de otras en las que las piernas se flexionan, como en *Baddha-Koṇāsana*. Asimismo, las posturas invertidas alivian tensión en las piernas. En el Equilibrio sobre los Hombros sin Apoyo (*Nirālamba-Sarvāṅgāsana*), así llamada porque la espalda no es sostenida por los brazos, los pies se apoyan contra la pared. La relajación de las piernas se continúa en *Ardha-Halāsana* y en *Śavāsana* usando una silla.

Relajar las piernas es tan importante como estirarlas. Los músculos relajados se ablandan y se extienden más. Y con una mejor extensión tiene lugar una mejor relajación. Las dos se ayudan entre sí.

De hecho, la meta de la práctica del Yoga es que la extensión tenga lugar sin tensión. La clave para lograrlo es mantener pasivos los ojos, las orejas, la garganta, la boca y el cerebro. De este modo, la energía no se desvía sin darse uno cuenta hacia la mente y los sentidos, sino que se concentra en las tareas físicas que se quiere realizar. Así las posturas pueden realizarse vigorosamente, pero al mismo tiempo con serenidad, como de hecho deben ser.

अधोमुख-श्वानासन *Adho-Mukha-Śvānāsana*

Postura del Perro, Boca Abajo

La fuerza y dirección del estiramiento de las piernas determinan la forma de esta postura.

Siga el método indicado en la Unidad 3 (pág. 60).

Para progresar

Presione las espinillas hacia las pantorrillas y las caras anteriores de los muslos hacia las posteriores. Presione hacia dentro las rótulas y extienda las corvas. Incremente la duración de tiempo en la postura.

ताडासन *Tāḍāsana*

Postura de la Montaña o de la Palmera

Una firmeza propia de una roca en las piernas es la base de esta postura.

Siga el método indicado en la Unidad 1 (pág. 19).

Ayuda

- **Si las rodillas se hiperextienden, ténselas un poco y presione intensamente los muslos hacia atrás.**

Para progresar

Tense la parte baja de las rótulas, así como su parte alta, para que se impliquen activamente tanto con las pantorrillas como con los muslos. Eleve los tobillos y tire hacia arriba de las espinillas. Presione hacia atrás las rodillas, para extender las corvas. Presione hacia atrás las espinillas, para extender las pantorrillas. Presione hacia atrás los muslos, para extender sus caras posteriores. Estire hacia arriba las piernas en toda su longitud.

त्रिकोणासन *Trikoṇāsana*

Postura del Triángulo

Aunque nos hallemos de pie diagonalmente, las piernas tienen que estirarse hacia arriba desde la base hasta su parte alta.

Siga el método indicado en la Unidad 2 (pág. 36).

Para progresar

Gire hacia fuera cada pierna en toda su longitud (tobillo, espinilla, rodilla y muslo). Al girar la pierna atrasada, presione contra el suelo el borde externo del pie y eleve el arco plantar y la cara interna del tobillo. Al girar la pierna adelantada, presione contra el suelo el borde interno del pie y el dedo gordo. Manteniendo su giro, estire hacia arriba las piernas.

पार्श्वकोणासन *Pārśvakoṇāsana*

Postura del Ángulo Lateral

Para mantener la diagonal de la pierna atrasada, se requiere una intensa elevación desde la cara interna hacia la cara externa de la pierna.

Siga el método indicado en la Unidad 2 (pág. 38).

Para progresar

Estire el borde interno de la pierna atrasada desde el tobillo hasta la ingle. En especial, mantenga firme el borde interno de la rodilla. Presione la cara interna de la pierna hacia la cara externa. Presione hacia atrás el muslo.

वीरभद्रासन १ *Vīrabhadrāsana 1*

Postura del Guerrero 1

Un estiramiento en tres direcciones (la pierna anterior hacia delante, la pierna trasera hacia atrás y el tronco y los brazos hacia arriba) convierte a ésta en la más dinámica de las posturas en pie.

Adopte *Tāḍāsana* (véase Unidad 1, pág. 19). Inspire profundamente y separe los pies de un salto 120-135 cm, extendiendo al mismo tiempo lateralmente los brazos a la altura de los hombros, con las palmas de las manos vueltas hacia abajo. Alinee los pies y póngalos paralelos.

Gire los brazos de modo que las palmas queden vueltas hacia arriba. Manteniendo rectos los codos, eleve los brazos por encima de la cabeza, con las palmas vueltas una hacia la otra.

Gire el pie izquierdo 45-60 grados hacia dentro y el pie derecho 90 grados hacia fuera. Al mismo tiempo, gire el tronco hacia la derecha. Alinee el centro del talón derecho con el centro del arco plantar izquierdo. Gire hacia dentro la pierna izquierda, en la dirección del pie. Tense las rótulas y tire hacia arriba de la musculatura de los muslos.

Espirando, flexione la pierna derecha para formar un ángulo recto, con el muslo horizontal y la espinilla vertical. Mantenga vertical el tronco. Atrase la cabeza y mire hacia el techo. Respire acompasadamente y sin forzar. Permanezca en la postura durante 20-30 segundos. Inspirando, incorpórese. Gire los pies hacia el frente y descanse los brazos. A continuación, repita por el otro lado.

Inspirando, incorpórese. Ponga los brazos en horizontal. Espire y una los pies de un salto, bajando al mismo tiempo los brazos.

Para progresar

Gire la pelvis más hacia la derecha y elévela. Mantenga firme el borde interno de la pierna atrasada y eleve la rodilla y el muslo. Al mismo tiempo presione contra el suelo el borde externo del pie.

उत्तानासन *Uttānāsana*

Estiramiento Intenso

Activar diferentes partes de las piernas mejora su capacidad para estirarse y permite comprender mejor cómo actúan.

Siga el método indicado en la Unidad 5 (pág. 90).

Para progresar

Presione contra el suelo los bordes externos de los pies y tire firmemente de las caras internas de las piernas hacia las externas. Separe los ísquiones. Sin elevar los talones, transfiera el peso corporal sobre los antepies y estire las caras posteriores de las piernas.

वीरभद्रासन २ *Vīrabhadrāsana 2*

Postura del Guerrero 2

Mantener el equilibrio de esta postura exige la solidez de la pierna atrasada.

Siga el método indicado en la Unidad 2 (pág. 40).

Para progresar

Presione contra el suelo el borde externo del pie izquierdo y transfiera el peso corporal sobre el talón. Presione hacia atrás el muslo y estire la cara posterior de la pierna. Presione hacia atrás la rodilla derecha. Sea consciente de la parte posterior del cuerpo.

वीरभद्रासन ३ *Vīrabhadrāsana 3*

Postura del Guerrero 3

En esta postura dinámica de equilibrio se desarrollan la coordinación y la concentración.

Siga los pasos para *Vīrabhadrāsana 1* (véase pág. 153).

Espirando, flexione el tronco sobre el muslo derecho, dejando que el talón izquierdo se eleve separándose del suelo. Mantenga estirados los brazos y el tronco en extensión.

Inspire, enderece la pierna derecha y, al mismo tiempo, eleve la pierna izquierda, poniéndola paralela al suelo. Extienda hacia delante el tronco y los brazos.

Permanezca en la postura durante 15-20 segundos. Vuelva a adoptar *Vīrabhadrāsana 1*. Inspirando, incorpórese. Gire los pies hacia el frente y descanse los brazos. Luego repita por el otro lado.

Inspirando, incorpórese. Ponga los brazos horizontales. Espire y una los pies de un salto, bajando al mismo tiempo los brazos.

Para progresar

Mantenga firmes ambas rodillas y estire intensamente las piernas. Adelante ligeramente las caderas para que la pierna derecha se halle vertical. Baje la nalga izquierda de manera que las caderas se nivelen. Meta los omóplatos y eleve los brazos para mantenerlos alineados con el tronco.

अर्ध-चन्द्रासन *Ardha-Candrāsana*

Postura de la Media Luna

La Luna en cuarto creciente, con los cuernos vueltos hacia abajo, sirve de inspiración para esta postura.

Adopte *Trikoṇāsana* (véase Unidad 2, pág. 36). Apoye la mano derecha sobre la cadera. Espire, flexione la pierna derecha y adelante la mano 30 cm, apoyándola en el ladrillo. Al mismo tiempo, desplace ligeramente hacia dentro el pie izquierdo.

Enderece la pierna derecha y eleve la izquierda, con el pie vuelto hacia delante. Gire hacia arriba el tronco.

Eleve el brazo izquierdo, con la palma de la mano vuelta hacia delante. Gire la cabeza para mirar hacia arriba.

Permanezca en la postura durante 20-30 segundos. Flexione la pierna derecha y baje el pie izquierdo para volver a adoptar *Trikoṇāsana*. Inspirando, incorpórese. Gire los pies hacia el frente y descanse los brazos. A continuación repita por el otro lado.

Inspirando, incorpórese. Espire, una los pies de un salto y baje los brazos.

Ayuda

- **Si el equilibrio le resulta difícil, realice la postura con la espalda apoyada en una pared. Si es posible, sujétese de una repisa para girar mejor el tronco.**

Para progresar

Desplace ligeramente las caderas hacia la derecha para poner perpendicular la pierna derecha. Estire ambas piernas, la derecha hacia arriba y la izquierda apartándola del tronco. Eleve la cadera izquierda.

पार्श्वोत्तानासन *Pārśvottānāsana*

Estira-miento Lateral Intenso

Con las palmas de las manos detrás de la espalda, se desarrolla la capacidad de mantener el equilibrio además de los estiramientos intensos.

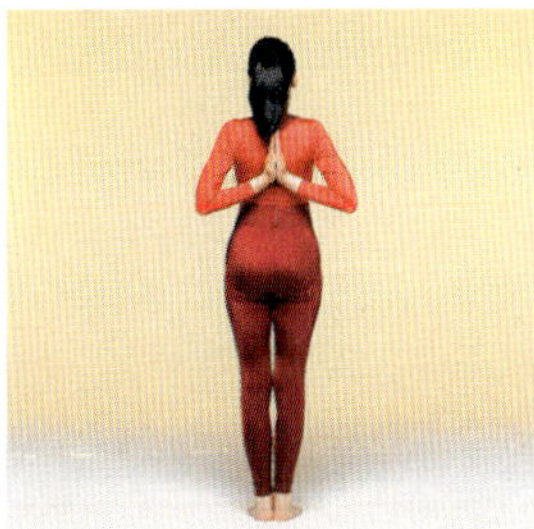

Adopte *Tāḍāsana* (véase Unidad 1, pág. 19). Una las palmas de las manos detrás de la espalda, gire las manos hacia dentro y hacia arriba, y elévelas lo más alto posible por la columna vertebral. Atrase los hombros y los codos.

Espire y separe los pies de un salto 105-120 cm. Tense las rodillas y tire hacia arriba de la musculatura de los muslos.

Gire el pie izquierdo 45-60 grados hacia dentro, y 90 grados hacia fuera el pie derecho. Gire las caderas de manera que el tronco quede vuelto hacia la derecha. Inspirando, estírese hacia arriba; atrase la cabeza.

Espirando, flexione el tronco, a partir de las caderas, sobre la pierna derecha. Mantenga tensas las rodillas y estire las piernas hacia arriba.

Permanezca en la postura durante 20-30 segundos. Inspirando, incorpórese. Repita por el otro lado.

Espire, una los pies de un salto y suelte las manos.

Para progresar

En la flexión de tronco, alargue la cara anterior del cuerpo y eleve los brazos apartándolos del tronco. Ponga rígida la pierna atrasada, para contrarrestar el peso del tronco que recae sobre la pierna adelantada.

पादाङ्गुष्ठासन *Pādāṅguṣṭhāsana*

Postura del Pulgar al Pie

Con las manos conectadas a los pies, se establece en el cuerpo un circuito energético que permite un potente estiramiento de las piernas y la espalda.

Adopte *Tāḍāsana* (véase Unidad 1, pág. 19). Separe los pies la anchura de las caderas. Tense las rodillas y estire hacia arriba las piernas. Espirando, flexione el tronco y rodee con el pulgar, el índice y el medio de la mano los dedos gordos de los pies. Estire los brazos y extienda el tronco hacia delante. Ponga cóncava la espalda. Alargue la cara anterior del tronco y eleve el mentón.

Espirando, flexione hacia fuera los codos y acerque el tronco a las piernas. Relaje la cabeza y el cuello.

Permanezca en la postura durante 20-30 segundos. Inspirando, eleve la cabeza y el tronco. Suelte los dedos de los pies e incorpórese. Una los pies.

Para progresar

Presione contra el suelo los dedos gordos de los pies. En la posición cóncava, presione hacia abajo el sacro y el tramo dorsal de la columna, y alargue la cintura. En la flexión de tronco, tire de éste hacia abajo con ayuda de los brazos y los hombros.

Ayuda

- **Si tiene rígidas la espalda y las piernas, coloque las manos sobre ladrillos.**

प्रसारित-पादोत्तानासन
Prasārita-Pādottānāsana

Estira-miento Intenso con las Piernas Abiertas

Una sensación de espaciosidad aligera la intensidad de las extensiones en esta postura.

Adopte *Tāḍāsana* (véase Unidad 1, pág. 19). Inspire y separe de un salto las piernas 150 cm. Coloque las manos en las caderas. Gire los pies ligeramente hacia dentro y presione contra el suelo sus bordes externos.

Espirando, flexione el tronco y coloque las manos (o las yemas de los dedos) en el suelo, separadas entre sí la anchura de los hombros. Mantenga estirados los codos. Ponga cóncava la espalda y alargue la cara anterior del tronco. Eleve el mentón.

Espirando, flexione hacia atrás los codos, baje el tronco y apoye la cabeza en el suelo. Atrase las manos de manera que los antebrazos queden verticales. Permanezca en la postura durante 20-30 segundos. Inspirando, enderece los brazos, meta ligeramente los pies hacia dentro e incorpórese. Una los pies.

Ayuda

Si tiene rígidas la espalda o las piernas:

- **Coloque las manos sobre bloques de madera para la posición cóncava.**
- **En la flexión de tronco, apoye la cabeza en un soporte.**

Para progresar

Refuerce las caras interiores de las piernas y presiónelas firmemente hacia las caras exteriores. Separe los ísquiones. En la posición cóncava, presione hacia abajo el sacro y el tramo dorsal de la columna, y alargue la cintura. Elongue los costados del tronco. En la flexión de tronco, alce los hombros y mantenga los codos lo más cerca posible entre sí.

उपविष्ट-कोणासन *Upaviṣṭa-Koṇāsana*

Postura del Ángulo Sentado

Las ingles bien abiertas, el tronco erguido y las piernas estiradas hacen útil esta postura durante la menstruación y para afecciones urinarias.

Siéntese apoyado en una pared sobre un soporte, como, por ejemplo, una o dos mantas dobladas o un bloque de madera. Separe bien las piernas, tanto como pueda. Mantenga estiradas las rodillas y los pies verticales. Apoye las manos sobre las piernas.

Permanezca en la postura entre 30 segundos y 1 minuto, o más tiempo. Flexione las piernas y póngalas de frente.

Para progresar

Tense la musculatura de los muslos y presione las rodillas contra el suelo. Estire las caras internas de las piernas desde la ingle hasta el talón. Eleve la parte inferior de la espalda y la caja torácica. Mantenga los hombros presionados hacia atrás contra la pared.

बद्ध-कोणासन *Baddha-Koṇāsana*

Postura del Ángulo Ligado

Cuanto mejor se estiren las piernas, mejor se flexionan, y viceversa; aquí una cuidadosa flexión de las rodillas une los muslos y las pantorrillas en toda su longitud.

Siéntese apoyado en una pared sobre un soporte, como, por ejemplo, una o dos mantas dobladas o un bloque de madera. Flexione las piernas hacia fuera y una las plantas de los pies. Acerque los pies al pubis. Colóquese las manos detrás de las caderas y estire hacia arriba el tronco.

Permanezca en la postura entre 30 segundos y 1 minuto, o más tiempo. Suelte las piernas y póngalas hacia delante.

Ayuda

- **Para abrir más las ingles, gire hacia arriba las plantas de los pies con ayuda de las manos. Mantenga unidos los bordes externos de los pies y separe los bordes internos. Coloque las manos sobre los muslos y presiónelos contra el suelo.**

Para progresar

Apriete hacia dentro los acetábulos (cavidades en que las cabezas del fémur se articulan con las caderas), para que las ingles se abran más. Adelante el sacro y, al mismo tiempo, eleve la pelvis. Eche atrás los hombros, hacia la pared.

निरालम्ब-सर्वाङ्गासन

Nirālamba-Sarvāṅgāsana

Equilibrio sobre los Hombros sin Apoyo

Al principio en esta postura se emplea la pared como soporte; al final se realiza independientemente, sin apoyo de la pared ni de los brazos.

Advertencias

Véase Unidad 3 (pág. 62).

Doble un juego de mantas (véase Unidad 5, pág. 94) y dispóngalas con los bordes doblados a 30 cm de una pared. Tiéndase con los hombros sobre el pliegue doblado del juego de mantas y la cabeza en el suelo. Aparte los hombros del cuello y meta los omóplatos. Estire los brazos. Flexione las piernas, manteniendo los pies en el suelo.

Flexione las rodillas sobre el abdomen.

Eleve las caderas, llevando los pies a la pared y sosteniendo la espalda con las manos.

Eleve más los pies por la pared y estire las piernas; al mismo tiempo, adelante el tronco. Baje las manos por la espalda y acerque los codos entre sí para mejorar el apoyo.

Permanezca en la postura entre 1 y 5 minutos. Flexione las piernas, espire y descienda deslizándose suavemente.

Para progresar

Adelante las caderas y estire todo el cuerpo hacia arriba. Mantenga tensas las rodillas y estire las piernas.

कर्णपीडासन *Karnapīḍāsana*

Postura Presionando las Orejas

Al contrario de la impresión que su nombre evoca, esta postura relaja los oídos y la garganta.

Adopte *Nirālamba-Sarvāṅgāsana* (véase pág. 161). Flexione las rodillas y apoye las espinillas contra la pared. Deslice hacia abajo las espinillas tanto como le resulte cómodo. Relájese.

Si es posible, coloque los brazos por encima de la cabeza. Relájese.

Permanezca en la postura durante 1-3 minutos. Espirando, baje deslizándose suavemente.

Para progresar

Eleve el tronco.

Advertencias

Véase Unidad 3 (pág. 62).

शवासन *Śavāsana*

Postura del Cadáver

Al apoyar las piernas en una silla, están tanto flexionadas como invertidas, proporcionando después del esfuerzo una relajación doblemente intensa.

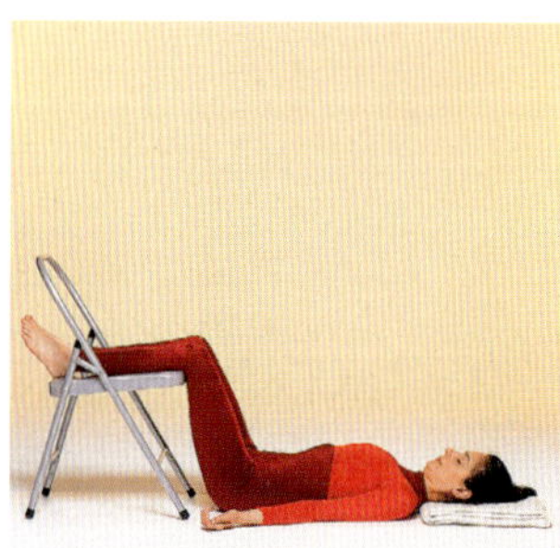

Siga el método indicado en la Unidad 7 (pág. 127).

Para progresar

Observe cómo el cuerpo se relaja sin esfuerzo y no distrae a la mente. Calme cada vez más los órganos de los sentidos. Mantenga inmóviles los ojos y pasivos los oídos, sin forzarlos para escuchar sonidos. Relaje la lengua, la boca y la garganta. Deje que se suavice la piel. Respire con suavidad.

Cautiverio y liberación

CONCEPTO CLAVE

Conocimiento discriminativo El término conocimiento transmite una serie de significados. Suele entenderse como fenómeno intelectual. En contextos filosóficos, el conocimiento sin duda comienza al nivel intelectual, pero no termina ahí. Para el logro de su meta, la liberación, el conocimiento de que el alma es algo bien diferenciado de la mente necesita ser traducido en experiencia; y esto requiere una práctica persistente del Yoga. Cuando se logra este objetivo, incluso este conocimiento discriminativo deja de existir, algo perfectamente lógico: ¿cómo podría haber liberación si el alma continúa siendo consciente de su diferenciación de la mente, cuando la mente, el principal instrumento de conocimiento, es ella misma eliminada?

Hemos visto anteriormente el marco del proceso de pensamiento filosófico indio. Comienza con el concepto de cautiverio y termina con el de liberación del alma. Entre ambos se halla la vida mundana, caracterizada por la acumulación de destino (*karma*), por la transmigración y por el sufrimiento por parte del alma debido a ignorar su verdadera naturaleza. Como en un sueño, el alma se atribuye a sí misma lo que de hecho está separado de ella, y experimenta sus efectos: placer y dolor. Esto es el cautiverio. Para liberarse del cautiverio, es necesario primero entenderlo.

La liberación del sufrimiento

El alma y la mente se contemplan en Yoga como el observador y lo observado. Estos términos son equivalentes a los de sujeto y objeto, y consciente (sensible) e inconsciente (insensible), usados anteriormente. Una vez que se identifica la unión errónea del observador (alma) y lo observado (mente) como causa del sufrimiento, queda claro que la liberación del sufrimiento resultaría de la ruptura de esta unión. ¿Qué hace un médico aparte de romper la unión del paciente con su dolencia? La salud, que ya existe pero está oculta, sólo la restablece la medicina del médico. Este hecho hace que el comentador del *Yoga Sūtra* compare la vida mundana con una enfermedad y a un filósofo con un médico. Esta ruptura de la dolorosa unión con la mente en la vida mundana es equivalente al

El sabio Mārkaṇḍeya es liberado del mundo.

aislamiento o liberación (*kaivalya*) del observador. En este estado, el observador alcanza o vuelve a adquirir su naturaleza genuina (es decir, la conciencia pura que no entra en contacto con las tres cualidades de la Materia (*guṇas*) que impregnan el mundo.

¿Qué es la liberación?

La liberación se define como la disolución de las cualidades de la Materia (*guṇas*) en su causa, la Materia Primigenia (*prakṛti*), una situación que es equivalente al reposo de la conciencia pura (el alma, *puruṣa*) en sí misma. Éste es el final lógico de las tres cualidades que pueden existir sólo para otra entidad, y que ya no tienen ninguna utilidad cuando ha ocurrido la liberación del alma. ¿Qué le sucede a un molde cuando la pieza fundida está lista? Se desintegra en el fuego, pues existe sólo para la producción de la pieza. Por tanto, la filosofía yóguica afirma que la Materia no existe por sí misma, sino para el alma, la entidad que puede utilizarla, si bien es cierto que bajo la influencia de la ignorancia. Cuando las tres cualidades dejan de existir, el mecanismo de la experiencia, que da lugar al placer y al dolor, también deja de existir. Dado que la mente es el principal instrumento de esta experiencia, la liberación es, de hecho, la aniquilación total y permanente de la mente, mientras que la meditación es una suspensión temporal de ella. En ambos casos, el alma alcanza su puro carácter original. El médico da al paciente analgésicos como alivio temporal; la cura duradera consiste en eliminar la causa del dolor mediante el tratamiento apropiado.

La necesidad lógica del alma

Esto plantea la cuestión de si el alma existe como entidad permanente diferenciada de la mente. *Patañjali* arguye a favor de la existencia del alma basándose en lo siguiente:

1. El alma (el sujeto) entiende continuamente a la mente. (Esto lo confirma la experiencia personal de todo el mundo:

somos concientes de lo que está ocurriendo en nuestra mente.)

2. Es ilógico pensar que la mente sea a la vez el objeto y el sujeto, pues la relación sujeto-objeto no puede descansar sobre una sola entidad (véase Lógica y Lógica Incorrecta en pág. 167).

3. La hipótesis de que la mente es comprendida por otra mente como explicación sustitutoria conlleva similares defectos lógicos, tanto si suponemos sólo una mente más como si suponemos una serie de mentes, comprendiendo cada una de ellas la anterior.

Los primeros dos puntos exigen algo de explicación. Cuando una persona observa a otra, es un caso de un complejo cuerpo-mente-alma observando a otro. Los papeles de sujeto y objeto pueden invertirse, con el observado convirtiéndose en el observador. Esto va contra la hipótesis de que sujeto y objeto sean mutuamente excluyentes. Este argumento es engañoso porque, en ambas alternativas, son los órganos de los sentidos los que observan sus objetos (es decir, color, forma, sonido, etc.). Que puedan hacer esto se debe a la presencia sustentante de la mente y el alma. Un aparato eléctrico puede funcionar sólo cuando cuenta con el apoyo de la electricidad. La fuente última de energía en todas las experiencias cognitivas es el alma, que se halla más allá del poder de captación de los órganos de los sentidos.

Lo que queda por decidir es el motivo que nos fuerza a considerar el alma como entidad bien diferenciada de la mente. Si observamos nuestro proceso cognitivo, descubrimos que somos conscientes de los cambios que se operan en nuestra mente. ¿Quién es consciente de ello? No la mente, que es ella misma el objeto. Esta situación nos lleva a suponer una entidad distinta de la mente. Ésa es el alma. En caso de que esta otra entidad se interprete como otra mente, nos vemos atrapados en la falta de lógica, como se demuestra en el punto 3 arriba mencionado.

La única explicación lógica de la cognición mundana tiene que basarse, por tanto, en la hipótesis de que *a)* la mente, siendo material, carece de conciencia y tan sólo refleja al alma, como un espejo refleja la luz, y *b)* en consecuencia, el alma, como conciencia, parece ser la autora del proceso cognitivo cuando un objeto es registrado en la mente a través de los órganos de los sentidos. Este fenómeno se explica mediante la analogía de que la victoria o la derrota de soldados en batalla es atribuida a su rey. El corolario de la tesis es que cautiverio y liberación son, de hecho, atributos de la mente. El reconocimiento de un principio espiritual, el alma, como entidad consciente bien diferenciada es, por tanto, una necesidad lógica.

La liberación en vida

El estado de liberación no tiene nada que ver con la muerte; puede ser experimentado incluso mientras se está vivo. La expresión «liberado en vida» (*jīvan-mukta*) refleja esta creencia. Este estado de experiencia se cree que no es otra cosa que la liberación. Tal continuación de la vida después de la liberación se explica sobre la base del destino (*karma*) restante. Este concepto tiene sus raíces en la hipótesis de que, aunque la experiencia de la Realidad anule todos los destinos, el destino específico que ha provocado la actual encarnación del yogui liberado no puede dejar de producir consecuencias ya durante la vida.

Situación del mundo después de la liberación

Aunque el mundo deje de ser experimentado por un alma liberada en particular, sigue existiendo para las otras. Es algo comparable a su existencia para las criaturas que se hallan en el estado de vigilia, y su no existencia para alguien en sueño profundo. El sueño profundo aísla a una persona de las demás, y es, pues, en cierta medida, como la liberación. La meditación también posee puntos de similitud con la liberación. Así, la liberación tiene carácter individual. Carece de relevancia social. La liberación de la humanidad llevada a cabo por un profeta, algo que a menudo se afirma, sólo puede significar que el profeta muestra a sus prójimos el camino para liberarse. Hollar el camino y progresar por él depende de la voluntad y el esfuerzo de cada persona.

El medio de liberación

El medio directo de liberarse del sufrimiento es el «Conocimiento Discriminativo», es decir, un conocimiento que discierne la diferencia entre el alma y la Materia. La relación causal entre este conocimiento y la liberación es más metafórica que real. El sufrimiento del alma está causado por su unión con la Materia, y esta unión es creada por la identidad equivocada del alma. El conocimiento discriminativo corrige o aniquila este error. En su aniquilación, se manifiesta la liberación, que forma parte de la naturaleza misma del alma. Es como despertar de un sueño y redescubrir nuestra identidad normal. Según la experiencia mundana habitual, es falso lo que creemos ser en un sueño; se corrige cuando volvemos al estado de vigilia y recobramos nuestra identidad perdida.

Este conocimiento que distingue la mente del alma se alcanza mediante el Yoga. El significado básico de la palabra Yoga es «medio» (para alcanzar algo), y, en el uso lingüístico común, significa una cadena de medios y fines.

En resumen

La Materia y el Espíritu son distintos. La mente es un producto de la Materia.
El Espíritu es el perceptor; la mente lo percibido. ¿Cómo pueden ser idénticos?

Al pensar que es idéntica a la mente, el alma se ve afligida por los sufrimientos de aquélla.
Separarse de la Materia es liberación para el alma, su propio estado natural.

La liberación es distinta de la muerte; puede ocurrir incluso durante la vida.
El cuerpo sobrevive mientras quede destino todavía sin desplegarse.

Raro en el mundo es el hombre que ha adquirido el conocimiento de esta diferenciación;
el resto son ignorantes y están atados. De ahí que este mundo continúe.

Para una perspectiva más amplia...

Lógica y Lógica Incorrecta

La coherencia de la lógica con los hechos y consigo misma es una condición esencial para su aceptación. El propósito de la lógica es ayudar a entender los aspectos ocultos de la realidad mediante la deducción, y no permitirse explicaciones especulativas orientadas a probar alguna opinión doctrinal. Es aquí donde se separan la creencia y el pensamiento racional.

En el debate filosófico, los fallos de lógica se considera que invalidan un argumento. Los fallos de lógica correspondientes a suposiciones defectuosas reconocidos en la tradición sánscrita y relevantes en este contexto son:

1. La autodependencia. Ocurre cuando el argumento supone que una sola entidad depende de sí misma. Por ejemplo: «El árbol se yergue por sí solo».

2. La interdependencia. Ocurre cuando el argumento supone que dos entidades dependen la una de la otra. Por ejemplo: «El árbol y el suelo se soportan el uno al otro».

3. La regresión infinita. Ocurre cuando el argumento supone una interminable serie en la cual cada entidad precedente depende de la entidad sucesiva; por ejemplo, «El libro A se basa en el libro B, el libro B en el libro C, el libro C en el libro D», etc. Cuando se presenta una cadena así en razonamiento hipotético, el argumento no es válido. En el contexto del Yoga, si la mente se supone que es observada por otra mente, ello provocará un fallo así en la lógica, pues la segunda o cada una de las mentes sucesivas es hipotética, y no cuestión de experiencia.

Cómo reconocer a una persona liberada

El *Bhagavad-Gītā* describe a un hombre iluminado y liberado. Ha trascendido las cualidades de la Materia (véase Unidad 7), no siendo ya conmovido por los fenómenos terrenales. Es ecuánime en el placer y el dolor, y siempre está en calma. Un terrón, una piedra y una pepita de oro son iguales para él. Es igual en la alabanza o la culpa, el honor o el deshonor, y para el amigo o el enemigo. Sus acciones son inmotivadas. Sin deseos, está contento en su alma. No le molesta la calamidad ni le atraen los placeres. Está libre de pasión, miedo e ira. Retira sus sentidos de sus estímulos como una tortuga recoge sus patas. Se mueve en el mundo sin apego ni odio; esto le lleva a la paz que termina con todos los pesares. Ve el mundo pero no le conmueve, igual que el océano, aunque se llene y llene constantemente, permanece estable.

Unidad 10

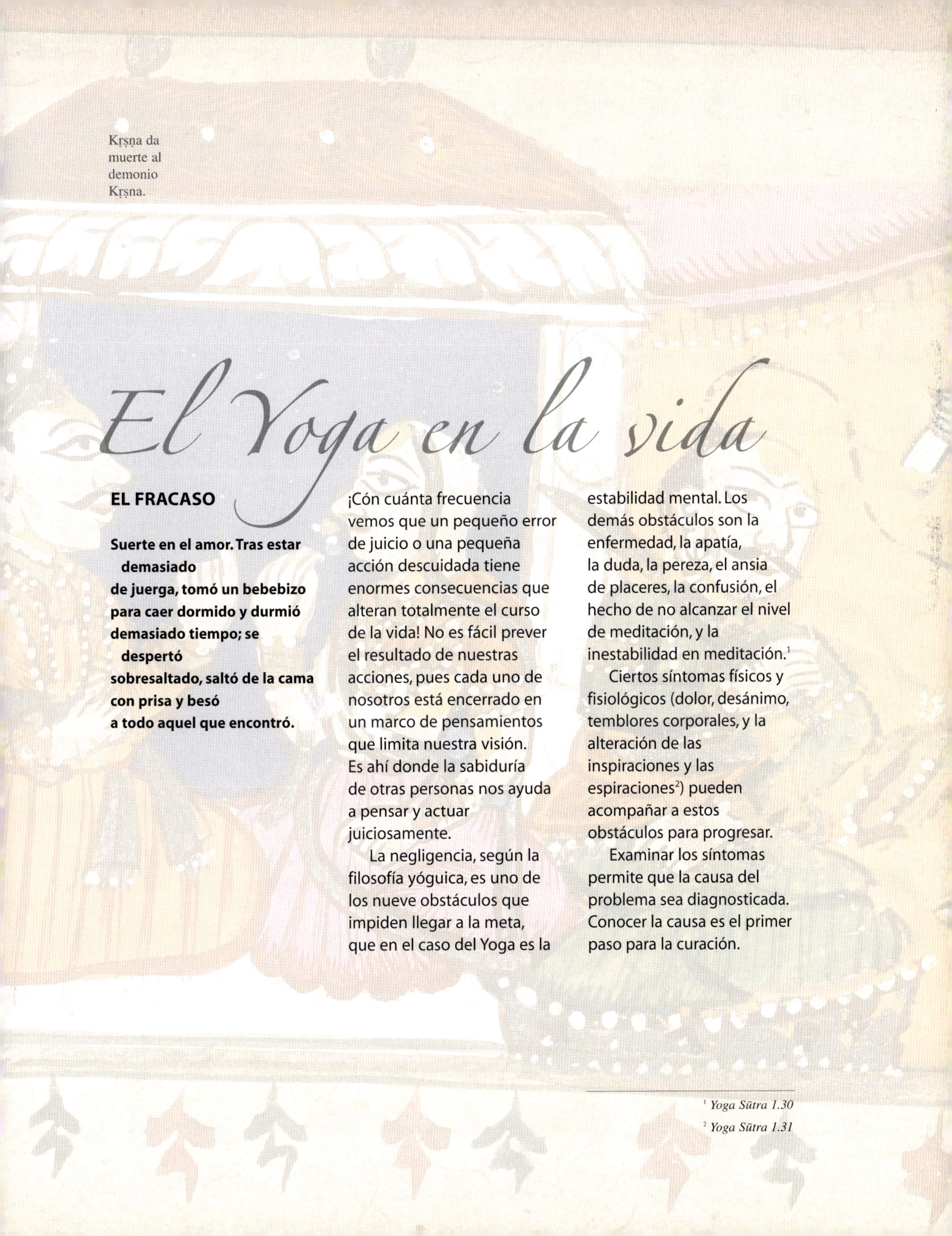

Kṛṣṇa da muerte al demonio Kṛṣna.

El Yoga en la vida

EL FRACASO

Suerte en el amor. Tras estar demasiado de juerga, tomó un bebebizo para caer dormido y durmió demasiado tiempo; se despertó sobresaltado, saltó de la cama con prisa y besó a todo aquel que encontró.

¡Cón cuánta frecuencia vemos que un pequeño error de juicio o una pequeña acción descuidada tiene enormes consecuencias que alteran totalmente el curso de la vida! No es fácil prever el resultado de nuestras acciones, pues cada uno de nosotros está encerrado en un marco de pensamientos que limita nuestra visión. Es ahí donde la sabiduría de otras personas nos ayuda a pensar y actuar juiciosamente.

La negligencia, según la filosofía yóguica, es uno de los nueve obstáculos que impiden llegar a la meta, que en el caso del Yoga es la estabilidad mental. Los demás obstáculos son la enfermedad, la apatía, la duda, la pereza, el ansia de placeres, la confusión, el hecho de no alcanzar el nivel de meditación, y la inestabilidad en meditación.[1]

Ciertos síntomas físicos y fisiológicos (dolor, desánimo, temblores corporales, y la alteración de las inspiraciones y las espiraciones[2]) pueden acompañar a estos obstáculos para progresar.

Examinar los síntomas permite que la causa del problema sea diagnosticada. Conocer la causa es el primer paso para la curación.

[1] *Yoga Sūtra 1.30*

[2] *Yoga Sūtra 1.31*

Estirar las piernas (2)

En la vida, a menudo se necesita que alguien nos eche una mano para superar una dificultad o para lograr algo que es imposible mediante el esfuerzo individual. Igual sucede con el estiramiento. Una pequeña ayuda dada en la dirección correcta puede aportar enormes avances. El instrumento de ayuda es sencillo: una banda o cinturón.

Si la pierna se estira cuando el pie se halla en el suelo, como en las posturas en pie, la presión descendente del pie da fuerza a la extensión ascendente. Sin embargo, en posturas en las que el pie se halla en el aire, la extensión tiende a ser débil. Se fortalece haciendo que el pie empuje contra las manos o contra una banda o cinturón. Se produce entonces un circuito energético que conecta los brazos y las piernas, potenciándolos.

Utthita-Hasta-Pādāṅguṣṭhāsana y *Supta-Pādāṅguṣṭhāsana* son posturas hermanas que implican estirar cada pierna hacia arriba y lateralmente. En la postura avanzada final, los dedos de la mano agarran el dedo gordo del pie, provocando un estiramiento muy intenso. Para empezar es realista ampliar el alcance de los brazos colocándose un cinturón en torno al pie.

Este método también se emplea para *Ūrdhva-Prasārita-Pādāsana* en la que las lumbares han de permanecer pegadas al suelo con las piernas perpendiculares a ellas. Las piernas, potenciadas por las manos que sujetan el cinturón, pueden estirarse hacia arriba mientras las caderas presionan hacia abajo.

Las flexiones de tronco, que implican extender una o ambas piernas por el suelo, se facilitan también usando un cinturón. Además de estirar las piernas, estas posturas exigen flexionar los codos para dar fuerza a los brazos a fin de tirar del tronco hacia delante. El cinturón hace posible esta acción a personas que no pueden cogerse de los pies.

En todas las posturas arriba mencionadas, la línea primaria de extensión es a lo largo de la cara interior de la pierna, desde la ingle hasta la parte interna del talón. Para mantener esta línea, el borde interno de la rodilla tiene que mantenerse firme, algo que se aplica también a las posturas invertidas. El estiramiento de la cara interna de las piernas proporciona en éstas una sensación de ligereza y espaciosidad.

En todas estas posturas las manos agarran las piernas. En otras, las manos se unen entre sí. Entrecruzar los dedos, unir las palmas con fuerza, cogerse las manos: estas diversas conexiones de las manos dan fuerza a los estiramientos y flexiones de brazos implicados. Aquí también puede usarse una banda o cinturón si las manos no llegan una hasta la otra, como, por ejemplo, en *Gomukhāsana*.

También se emplea un cinturón para unir los brazos en *Sarvāṅgāsana*. Los brazos tienen tendencia a resbalarse hacia el exterior, con lo cual les resulta más difícil sostener la espalda. Al mantenerlos unidos mediante un cinturón, se logran dos fines: primero, se mantienen alineados con los hombros, y pueden funcionar eficazmente como soportes; segundo, sus fuerzas individuales se combinan en un soporte sólido. Por eso es útil usar un cinturón en esta postura y en *Halāsana*.

उत्थित-हस्त-पादाङ्गुष्ठासन

Utthita-Hasta-Pādāṅguṣṭhāsana

Elevación de la Pierna en Postura Erguida

Las piernas separadas se estiran en diferentes direcciones para lograr el mismo fin: la verticalidad.

(a) Lateral

Adopte *Tāḍāsana* (véase Unidad 1, pág. 19), con el costado derecho a 75-90 cm de una repisa. Flexione la pierna derecha y gírela hacia fuera. Eleve la pierna y coloque el talón sobre la repisa alineado con la cadera. Pase una banda (o un cinturón) en torno al pie y agárrela (o agárrelo) con la mano derecha; coloque la mano izquierda sobre la cadera izquierda. Estire bien ambas piernas. Eleve el tronco y atrase los hombros. Mantenga nivelada la cabeza. Respire acompasadamente.

Permanezca en la postura entre 30 segundos y 1 minuto. Repita por el otro lado.

(b) Frontal

Adopte *Tāḍāsana* (véase Unidad 1, pág. 19) a 75-90 cm de una repisa y de frente a ella. Flexione la pierna derecha, elévela y coloque el talón sobre la repisa alineado con la cadera. Pase una banda (o un cinturón) en torno al pie y agárrela (o agárrelo) con la mano izquierda; coloque la mano derecha sobre la cadera derecha. Estire bien ambas piernas. Eleve el tronco y atrase los hombros. Mantenga nivelada la cabeza. Respire acompasadamente.

Permanezca en la postura entre 30 segundos y 1 minuto. Repita por el otro lado.

Para progresar

Mantenga firmes las rodillas. Presione hacia atrás el muslo izquierdo y transfiera peso corporal sobre el talón. Estire hacia arriba la pierna. Gire hacia fuera la pierna derecha, manteniendo vertical el pie. Presione hacia abajo el muslo y estire la pierna hacia el talón.

Para progresar

Mantenga firmes las rodillas. Mantenga el pie izquierdo vuelto hacia delante. Presione hacia atrás el muslo izquierdo y transfiera peso corporal sobre el talón. Extienda hacia arriba la pierna. Presione hacia abajo el muslo derecho y estire la pierna hacia el talón.

सुप्त-पादाङ्गुष्ठासन
Supta-Pādāṅguṣṭhāsana

Elevación de la Pierna en Tendido Supino

La pierna estable controla el movimiento de la pierna móvil y, por tanto, el grado de estiramiento.

(a) Ascendente

Tiéndase con los pies presionados contra la pared. Flexione la pierna derecha sobre el abdomen, pase una banda (o cinturón) en torno al pie y sujete cada extremo por separado. Estire ambas piernas. Mantenga el pecho expandido y bajos los hombros.

Permanezca en la postura entre 30 segundos y 1 minuto. Flexione la pierna y bájela. Repita por el otro lado.

Ayuda

- **Si tiene rígidas la espalda o las piernas, sostenga la pierna elevada contra una columna.**

(b) Lateral

Tiéndase con los pies presionados contra la pared. Flexione la pierna derecha sobre el abdomen, pase una banda (o cinturón) en torno al pie y sujétela (o sujételo) con la mano derecha. Gire la pierna hacia fuera y llévela hacia el suelo. Estire ambas piernas. Mantenga el pecho expandido y bajos los hombros.

Permanezca en la postura entre 30 segundos y 1 minuto. Eleve la pierna derecha, flexiónela y bájela junto a la pierna izquierda. Repita por el otro lado.

Para progresar

Mantenga tensas las rodillas. Presione contra el suelo el muslo izquierdo, extienda la cara posterior de la pierna y presione el talón contra la pared. Presione hacia la pared el muslo derecho. Manteniendo baja la cadera derecha, estire la pierna hacia arriba en dirección al talón.

Para progresar

Mantenga tensas las rodillas. Presione contra el suelo el muslo izquierdo, extienda la cara posterior de la pierna y presione el talón contra la pared. Presione hacia la pared el muslo derecho y estire la pierna hacia el talón.

ऊर्ध्व-प्रसारित-पादासन
Ūrdhva-Prasārita-Pādāsana

Extensión Ascendente de Piernas

Para formar con las piernas y el tronco un ángulo recto, entran en juego fuerzas opuestas: descendente para las caderas y ascendente para las piernas.

Tiéndase formando con el cuerpo una línea recta. Flexione las rodillas sobre el abdomen y pase una banda (o un cinturón) en torno a los pies. Estire las piernas hacia arriba hasta una posición vertical. Mantenga rectos los brazos. Extienda el tronco y presione los hombros contra el suelo. Permanezca en la postura entre 30 segundos y 1 minuto. Flexione las piernas y descienda.

Para progresar

Presione las caderas contra el suelo y los muslos hacia atrás, extienda las caras posteriores de las piernas y presione los pies contra la banda (o el cinturón).

जानुशीर्षासन *Jānuśīrṣāsana*

Postura de la Cabeza a la Rodilla

Cuando el tronco se flexiona sobre las piernas, éstas reciben una extensión intensa; la manera de empezar es primero con una pierna y luego con la otra.

Siéntese sobre una o dos mantas dobladas, con las piernas estiradas de frente. Flexione la pierna derecha lateralmente, llevando el talón a su propia ingle. Mantenga la pierna izquierda recta y el pie vertical. Pásese una banda (o un cinturón) en torno al pie izquierdo y agarre por separado ambos extremos. Inspire, enderece los brazos y estire hacia arriba el tronco. Ponga cóncava la espalda y alargue la cara anterior del tronco. Mire hacia arriba. Respire acompasadamente.

Espirando, flexione los codos hacia fuera y baje el tronco sobre la pierna izquierda.

Permanezca en la postura durante 20-30 segundos. Inspirando, incorpórese. Repita por el otro lado.

Para progresar

Mantenga tensa la rodilla izquierda y la musculatura del muslo traccionada hacia la ingle. Adelante el tronco a partir de la parte inferior de la espalda. Mantenga relajada la rodilla derecha.

Ayuda

- **Si tiene rígida la espalda, siéntese más alto.**

एकपादवीर-पश्चिमोत्तानासन

Ekapādavīra-Paścimottānāsana

Estiramiento Posterior Intenso con Una Pierna en Postura del Héroe

En esta postura, lo que se pierde en una cosa se gana en otra: con una pierna flexionada hacia atrás, el tronco se flexiona más libremente sobre las piernas, pero está menos equilibrado.

Siéntese sobre una o dos mantas dobladas con las piernas extendidas de frente. Desplace el soporte de la manta o mantas, de manera que se halle debajo de la nalga izquierda. Flexione hacia atrás la pierna derecha, manteniendo la rodilla vuelta hacia delante. Mantenga recta la pierna izquierda y el pie vertical. Pase una banda (o un cinturón) en torno al pie izquierdo y agarre los dos extremos por separado. Inspire, enderece los brazos y estire hacia arriba el tronco. Ponga cóncava la espalda y alargue la cara anterior del tronco. Mire hacia arriba. Respire acompasadamente.

Espirando, flexione los codos hacia fuera y baje el tronco sobre la pierna izquierda.

Permanezca en la postura durante 20-30 segundos. Inspirando, incorpórese. Repita por el otro lado.

Ayuda

- **Si tiene rígida la espalda o si le resulta difícil mantener el equilibrio, siéntese más alto.**
- **Si tiene rígidos los tobillos, coloque una manta enrollada debajo de la parte inferior de las espinillas (véase Unidad 2, pág. 42).**

Para progresar

Mantenga tensa la rodilla izquierda y la musculatura del muslo traccionada hacia la ingle. Adelante el tronco a partir de las caderas. Gire el muslo derecho hacia fuera y presione la espinilla contra el suelo.

मरीच्यासन १ *Marīcyāsana 1*

Postura de Marici 1

Cuando una pierna se halla flexionada hacia arriba, la parte inferior de la espalda tiende a hundirse; el fuerte impulso hacia delante requerido para contrarrestarlo desarrolla fuerza en la parte inferior de la espalda.

Siéntese sobre una o dos mantas dobladas con las piernas estiradas de frente. Flexione hacia arriba la pierna derecha, colocando el pie contra la cara interna del muslo izquierdo y el talón contra el muslo derecho. Mantenga la pierna izquierda recta y el pie vertical. Pásese una banda o cinturón en torno al pie izquierdo y agarre los dos extremos por separado. Inspire, enderece los brazos y estire hacia arriba el tronco. Ponga cóncava la espalda y alargue la cara anterior del cuerpo. Mire hacia arriba. Respire acompasadamente.

Espirando, flexione los codos hacia fuera y baje el tronco sobre la pierna izquierda.

Permanezca en la postura durante 20-30 segundos. Inspirando, incorpórese. Repita por el otro lado.

Ayuda

- **Si tiene rígida la espalda, siéntese más alto.**

Para progresar

Mantenga tensa la rodilla izquierda y la musculatura del muslo traccionada hacia la ingle. Adelante el tronco a partir de la parte inferior de la espalda. Mantenga vertical la pierna derecha.

पश्चिमोत्तानासन *Paścimottānāsana*

Estiramiento Posterior Intenso

Esta flexión de tronco se dice en antiguas obras de Yoga que estimula la digestión, aplana el abdomen y elimina enfermedades.

Siéntese sobre una o dos mantas dobladas con las piernas estiradas al frente. Enderece las rodillas y mantenga verticales los pies. Pásese una banda o cinturón en torno a los pies y agarre los dos extremos por separado. Inspirando, enderece los brazos y estire el tronco hacia arriba. Ponga cóncava la espalda y alargue la cara anterior del tronco. Mire hacia arriba. Respire acompasadamente.

Espirando, flexione los codos hacia fuera y baje el tronco sobre las piernas.

Permanezca en la postura durante 20-30 segundos. Inspirando, incorpórese.

Ayuda

- **Si tiene la espalda rígida, siéntese más alto.**

Para progresar

Mantenga las rodillas tensas y la musculatura de los muslos traccionada hacia la ingle. Adelante el tronco a partir de la parte inferior de la espalda. Tire de la banda o cinturón para extender los costados del tronco.

पर्वतासन *Parvatāsana*

Postura de la Montaña

Después de estirarlas, las piernas permanecen elongadas incluso al flexionarlas.

Siga el método indicado en la Unidad 2 (pág. 43).

Para progresar

Observe el efecto del estiramiento anterior en la posición de las piernas y en su capacidad para relajarse.

सपर्वतासन वीरासन
Vīrāsana con Parvatāsana

Postura del Héroe con Postura de la Montaña

La naturaleza de un estiramiento se altera de acuerdo con la configuración de las extremidades; en esta postura la parte inferior de la espalda se mueve libremente, facilitando la extensión a partir de la base del tronco.

Siéntese en *Vīrāsana* (véase Unidad 6, pág. 107).

Entrecruce los dedos. Vuelva las palmas de las manos hacia fuera y estire los brazos hacia arriba. Tense los codos. Mantenga relajados la cara y el cuello.

Permanezca en la postura durante 20-30 segundos. Baje los brazos, cambie el entrecruzado de los dedos y repita. Extienda las piernas.

Para progresar

Meta los omóplatos. Presione hacia arriba las muñecas y eleve más los brazos. Atrase los brazos hasta que se hallen verticales, y extienda las axilas.

नमस्ते *Namaste*

Saludo

La elevación del pecho producida por esta posición de brazos levanta asimismo el ánimo.

Siga el método indicado en la Unidad 6 (pág. 106).

Para progresar

Presione los dedos y los pulgares uniformemente unos contra otros. Una las muñecas presionándolas entre sí.

गोमुखासन *Gomukhāsana*

Postura de la Cabeza de Vaca (a) Sólo Brazos

Sostener los brazos en diferentes posiciones incrementa enormemente la movilidad de la cintura escapulohumeral (hombros, cuello y parte superior de la espalda).

Siga el método indicado en la Unidad 6 (pág. 106).

Para progresar

Agarre los dedos con fuerza y tire por igual con las manos derecha e izquierda.

गोमुखासन *Gomukhāsana*

Postura de la Cabeza de Vaca (b) Sólo las Piernas

Mover las piernas para adoptar diferentes posiciones aporta flexibilidad a las caderas y la parte inferior de la espalda.

Siéntese con las piernas estiradas de frente. Flexione la pierna derecha y coloque el pie junto a la cara externa del muslo izquierdo. Flexione la pierna izquierda y coloque el pie junto a la cara externa del muslo derecho. Coloque las manos junto a las caderas, ahuecando los dedos. Estire el tronco hacia arriba. Respire de manera acompasada.

Permanezca en la postura entre 30 segundos y 1 minuto. Repita por el otro lado. Adelante las piernas.

Ayuda

- **Siéntese en algo alto, como un bloque de madera, un almohadón cilíndrico o una manta doblada.**

Para progresar

Abra la ingle de la pierna superior para que baje la rodilla. Eleve la parte inferior de la espalda.

सर्वाङ्गासन *Sarvāṅgāsana*

Equilibrio sobre los Hombros

La ligereza y la elevación son la esencia de esta postura: el cuerpo se siente como si ascendiera volando.

Se ata una banda o cinturón en torno a los brazos (entre el codo y el hombro). Esto impide que los codos se deslicen hacia fuera y ayuda a los brazos a soportar con fuerza el tronco.

Advertencias
Véase Unidad 3 (pág. 62).

Doble tres o cuatro mantas y colóquelas una encima de otra con los bordes pulcramente doblados en un lado. Al doblarlas deben resultar más anchas que los hombros, y más largas que los brazos (del codo al hombro). El apoyo de las mantas impide la compresión del cuello y la garganta. Haga con una banda (o cinturón) un lazo de la anchura de los hombros. Póngase la banda o cinturón bastante suelta en torno al brazo derecho justo por encima del codo. Tiéndase con los hombros sobre el borde doblado de los juegos de mantas y la cabeza en el suelo. Aparte los hombros del cuello y recoja los omóplatos. Estire los brazos. Flexione las piernas, manteniendo los pies en el suelo.

Flexione las rodillas sobre el abdomen. Eleve las caderas y sostenga la espalda con las manos.

Lleve los pies por encima de la cabeza hasta el suelo. Pásese el lazo de la banda o cinturón sobre el brazo izquierdo justo por encima del codo. Aparte los hombros del cuello y estire hacia atrás los brazos.

Eleve las piernas y enderécelas. Ajuste las manos sobre la espalda y disponga todo el cuerpo lo más vertical posible. Permanezca en la postura entre 1 y 5 minutos. Flexione las piernas, retírese la banda o cinturón, espire y descienda deslizándose suavemente.

Para progresar

Use las manos con fuerza para elevar la parte alta del tronco. Utilice los pulgares para elevar los costados del tronco. Adelante el sacro y contraiga las nalgas. Mantenga tensas las rodillas y estire la cara posterior de las piernas.

हलासन *Halāsana*

Postura del Arado

Mientras se estiran las piernas, la espalda se relaja estando invertida y la mente se tranquiliza.

Advertencias

Véase Unidad 3 (pág. 62).

En *Sarvāṅgāsana* (pág. 179), flexione las piernas y baje los pies hasta el suelo. Enderece las rodillas y eleve las caderas y el tronco. Respire de manera acompasada. Mantenga la postura 30-60 segundos. Flexione las piernas, quítese el cinturón y baje deslizándose suavemente.

Para progresar

Use con fuerza las manos para elevar la parte superior del tronco y adelantar el esternón. Mantenga tensas las rodillas y estire las caras posteriores de las piernas. Eleve las espinillas, las rodillas, los muslos y las caderas.

शवासन *Śavāsana*

Postura del Cadáver

Cuando la tensión está profundamente arraigada, repartida por todo el cuerpo, se alivia relajando desde las extremidades hacia el interior.

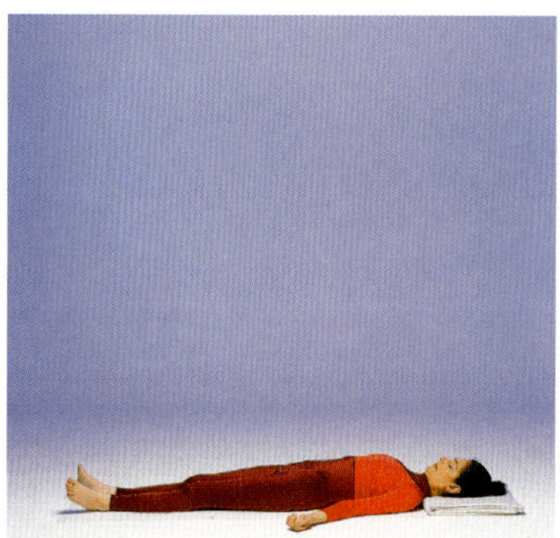

Siga el método indicado en la Unidad 1 (pág. 26).

Para progresar

Relaje las piernas en toda su longitud. Deje que los muslos, las rodillas y las piernas propiamente dichas rueden hacia fuera aún más. Deje que los pies caigan más aún hacia los lados y relaje los arcos plantares. Asimismo, relaje los brazos en toda su longitud. Suelte las palmas de las manos. Relaje el abdomen.

La constitución de la mente

CONCEPTO CLAVE

Modos mentales El proceso entero de conocimiento y su preservación es un acto de la mente. En filosofía yóguica, los modos mentales del conocimiento correcto y el error están separados. En cuanto se detiene el proceso de conocimiento, la mente ya no se halla activa, sino que se reduce a una forma potencial. Éste es el modo del sueño profundo. Esto implica que los demás estados de la conciencia (a saber: vigilia y ensoñación) constituyen el terreno principal de la mente. El modo mental de la memoria o recuerdo incluye el soñar, pues éste refleja las experiencias del estado de vigilia, si bien es cierto que de forma distorsionada. El modo final es la conceptualización, el conocimiento objetivo o imaginario único basado en el lenguaje.

Ya conocemos la opinión del Yoga de que *a)* la vida está llena de sufrimiento, *b)* la identificación errónea del alma con la mente es la causa del sufrimiento, y *c)* el conocimiento de que el alma es algo bien diferenciado de la mente es el medio para acabar con este sufrimiento; en otras palabras, para liberarse. Para alcanzar la liberación, que implica desunirse de la mente, es necesario conocer a fondo qué es la mente y cómo funciona. Esto solo ya nos equipa para controlar la mente y cortar progresivamente todos los lazos que nos unen con ella, allanando así el camino para su eliminación en el sentido de su regresión a su causa, la Materia Primigenia. El control de la mente es el Yoga; la ruptura con la mente es la liberación.

Los modos mentales

El papel más obvio de la mente es el de coordinadora de la información recibida por los órganos de los sentidos. La mente es, por así decirlo, teñida por esta información. El estudio de la mente no termina aquí. Un análisis exhaustivo conduce a Patañjali a considerar que posee los cinco modos siguientes: 1) cognición o conocimiento válidos, 2) cognición o conocimiento erróneos, 3) conceptualización, 4) sueño profundo, y 5) memoria (recuerdo). Los estados de cognición válida y cognición errónea se relacionan con el estado de vigilia. El modo del sueño (con imágenes) se incluye en la memoria.

Según el Yoga, existen tres medios de cognición válida: percepción, deducción y autoridad.

1(a). La percepción es el medio a través del cual se logra la cognición, en líneas generales, de las características especiales de los objetos externos que poseen características tanto generales como especiales. Identificamos a una vaca como tal por las características que comparte con otras vacas; la distinguimos de otras vacas por sus características especiales, como su color, tamaño, etc. Las características que comparte con otras vacas se convierten en especiales cuando hay que distinguir la vaca de un caballo.

(b). La deducción es el medio a través del cual se logra, a grandes rasgos, la cognición de las características generales de los objetos, la cual se realiza sobre la base de características que están presentes en objetos similares y ausentes en los dispares. Las huellas en el barro nos llevan a deducir qué animal ha visitado la granja; no nos hablan de sus características especiales, como el color o la edad.

(c). La autoridad es el conocimiento obtenido de las palabras de una persona digna de confianza (o una fuente similar, como, por ejemplo, un texto), que lo obtiene mediante percepción o deducción.

2. La cognición errónea puede describirse brevemente como sigue: cuando, al haber poca luz, una cuerda se confunde con una serpiente, se trata de conocimiento erróneo: el conocimiento de un objeto como algo que no es.

Un Sabio enseñando a un discípulo. De una colección de manuscritos antiguos ilustrados conservada en el Instituto Bhandarkar de Investigaciones Orientales, de Puna (India).

3. La cognición mediante la conceptualización. Las palabras de un idioma crean imágenes mentales o conceptos que pueden o no corresponderse con la realidad. Tomemos, por ejemplo, la expresión «La conciencia es la naturaleza del alma». En realidad, el alma misma es conciencia, y sin embargo la afirmación implica una distinción entre el alma y la conciencia otorgándoles una relación de sujeto y predicado. «La punta de la lengua» es otro ejemplo; la punta es parte de la lengua. La parte como distinta del todo es un constructo de la imaginación y asunto de conveniencia o comodidad, no un hecho cierto. Las palabras son símbolos de realidades. El lenguaje funciona sobre la base de una identificación imaginaria de los símbolos y lo simbolizado. Como observa un antiguo filósofo indio, el lenguaje es el medio de buscar la realidad sobre la base de la irrealidad.

4. El sueño profundo es el modo en el cual las actividades diurnas del cuerpo y los órganos de los sentidos cesan temporalmente, en contraste con el estado de vigilia, en el cual se hallan activos. El sueño profundo nos ofrece una experiencia similar a la de la liberación y es, por tanto, muy afín con la meditación y la liberación. La distinción entre ellos puede apuntarse de esta manera:

Liberación: la experiencia del alma es total y permanente.

Meditación profunda en su etapa avanzada: la experiencia del alma es total, controlada e impermanente.

Sueño profundo: la experiencia del alma es total, pero incontrolada e impermanente.

5. La memoria es el recuerdo de huellas mentales (*saṃskāras*) de experiencias. El recuerdo de experiencias en el sueño profundo prueba que el sueño no es la ausencia de experiencias, sino un estado positivo.

Los cinco modos mentales, incluida la memoria, son capaces de generar recuerdos, al dejar huellas de sí mismos en la mente. Estas huellas son imágenes mentales de experiencias que yacen aletargadas en las capas profundas de la psique, a menos que sean reactivadas por condiciones que las estimulen. El contenido de la memoria puede ser equivalente a la experiencia que la causó, o menor.

Instintos

Los instintos son registros mnemónicos profundamente arraigados que se acarrean a través de muchas encarnaciones en diferentes formas de vida; se despiertan en las situaciones apropiadas en una forma de vida relevante. Por ejemplo, un gato salta sobre un ratón por instinto. El instinto heredado de una vida anterior como gato permanece latente y se manifiesta sólo cuando el alma renace como gato. Es como la imagen de una placa fotográfica que permanece invisible hasta que se revela con ayuda de los productos químicos adecuados.

La limitación de la cognición válida

El control de la mente implica la suspensión de todos sus estados. En otras palabras, la mente como instrumento para conocer el mundo queda en suspenso durante la meditación. Además, lo que es cognición válida para las relaciones mundanas no es relevante para la cognición de las Realidades más elevades a través del Yoga. Incluso en la vida práctica, un médico y un profano consideran el cuerpo humano de manera distinta. Es el punto de vista del observador lo que cambia la perspectiva. Cuando la mente queda así suspendida en meditación, surge el alma en su verdadera naturaleza; es decir, la conciencia pura. Durante los estados activos de la mente, el alma se identifica erróneamente con ella y se atribuye a sí misma las experiencias de la mente. Al experimentar las emociones de Hamlet mientras se lee la obra o se asiste a la representación, nos identificamos temporalmente con este personaje. Esto es identificación estética, una acción deliberada de la voluntad que posee una duración limitada. En la experiencia de la «obra» llamada vida, la identificación del alma (el espectador) con la mente (Hamlet) no es un acto volitivo deliberado; por tanto, es de duración ilimitada.

El alma habilita a la mente

¿Cuál es el papel del alma en las operaciones de la mente arriba analizadas? Es cierto que el alma no toma parte activa en estas operaciones; pero su mera presencia permite a la mente actuar. Este fenómeno se explica convencionalmente mediante la analogía de un imán que activa limaduras de hierro aunque esté él mismo inactivo, lo cual es aplicable a muchas fuentes de energía. La mera presencia del Sol en el cielo nos permite trabajar, e incluso vivir, en la Tierra. El aire y el fuego son otros ejemplos. Todos los apoyos básicos son de esta naturaleza. El punto que falta en estas analogías es el elemento de sufrimiento del alma. Ésta es la limitación de las analogías: ilustran, pero no ofrecen paralelos exactos.

La mente y el alma se reflejan la una a la otra

La mente parece ser sensible porque refleja al alma sensible; el alma refleja a la mente en el sentido de que considera los placeres y los dolores de ésta (la mente) como si se relacionaran con ella (el alma). Como un cristal o un espejo, cada una de ellas muestra como propios los atributos que pertenecen de hecho al objeto reflejado. El alma es capaz de reflejar la mente con sus atributos debido a su naturaleza de pura conciencia (cognición, conocimiento), que manifiesta como propio el carácter de cualquier objeto que tenga cerca. La mente es capaz de reflejar al alma porque ésta consiste fundamentalmente en la cualidad de la iluminación (*sattva*; véase Unidad 7). En otras palabras, la causa del sufrimiento del alma está arraigada en la capacidad que ambas poseen (la mente y el alma) de mostrar como propio lo que en realidad pertenece a la otra.

La manera de trascender la mente

El Yoga enseña que los estados mentales pueden suspenderse mediante la persistencia y el desapego. El desapego empieza con la indiferencia a los placeres mundanos y madura en una indiferencia total a la esfera entera de la naturaleza. Siguiendo al máximo esta lógica, Patañjali afirma que, a fin de cuentas, la esfera de la naturaleza, o el mundo material, incluye el conocimiento que discrimina entre el alma y la mente, pues todo conocimiento pertenece a la mente. Por tanto, trascender el conocimiento implica la liberación del alma.

En resumen

El alma en esta vida está recubierta de placeres y dolores y se mueve en el sufrimiento, imaginando ser idéntica que la mente, la cual está influida por los órganos de los sentidos y sus objetos.

Los seres vivos de este mundo poseen cinco modos mentales: conocimiento válido, conocimiento falso, conceptualización, sueño profundo y memoria.

Todos ellos, sobreviviendo como huellas, generan recuerdos cuando se despiertan en el momento correcto, aunque sean interrumpidos por otras vidas.

La mente se enzarza en sus asuntos únicamente por la presencia del alma, pero el alma considera su actividad como propia.

La mente es inoperante en el sueño profundo, en la meditación y en la liberación del alma. En los dos primeros, vuelve a aparecer; se considera que la liberación es permanente.

Para una perspectiva más amplia...

Medios de conocimiento

Existen tres medios principales de conocimiento válido aceptados por Patañjali: percepción, deducción y autoridad. Sin embargo, otras escuelas de filosofía aceptan otros medios de conocimiento, según enfaticen o ignoren distinciones mínimas en el proceso de conocimiento. En consecuencia, el conocimiento por comparación (el hielo es como el vidrio), la conclusión circunstancial (el Sr. X es gordo, pero nunca come durante el día; por tanto, debe comer de noche), y el conocimiento de la ausencia (no hay nadie en la calle, ya que no se ve a ninguna persona) son otros tres medios. Con ligeras variaciones, el número llega a doce.

Cómo entendemos el lenguaje

Las palabras o una serie de sonidos audibles, convencionalmente relacionados con significados, generan imágenes mentales que, cuando se integran, crean conocimiento en la mente del oyente. Es similar para el proceso de lectura. Las imágenes así formadas pueden o no corresponderse con objetos o hechos reales. Los teóricos del lenguaje de la tradición sánscrita conciben una imagen mental permanente de una palabra para explicar la recepción de conocimiento a partir de la serie de sonidos impermanentes de las palabras. Lo esencial de la teoría es que, al pronunciar una palabra, los sonidos crean impresiones mentales. Cuando se pronuncia el último sonido, se activa la imagen permanente, que proporciona de repente el significado, como en un fogonazo.

Unidad 11

Kṛṣṇa conduce al éxito a los hermanos Pāndava pilotando su barco. Del *Bhagavad-Gītā* ilustrado citado anteriormente.

El Yoga en la vida

EL ÉXITO

A veces la Sabiduría, para el camino que tiene por delante,
necesita una lámpara con la que ver
y un bastón en el que apoyarse
que le ayuden a encontrar el camino,
no sea que titubee, no por miedo,
sino por un aguante recio puesto una y otra vez a prueba,
en la agreste angostura del paso.
Que recuerde entonces
de una madre los amantes brazos y los cuidados
y su interminable fuerza de apoyo.

El éxito en cualquier empresa puede deberse a muchos factores; entre ellos, la suerte y el talento; pero seguramente uno de los más importantes es la perseverancia ante los obstáculos.

La filosofía yóguica reconoce que se necesita disciplina mental y física para tener éxito, especialmente persistencia en la práctica y desapasionamiento.[1] Aquélla se refiere a realizar esfuerzos vigorosos y repetidos en pos de la meta. Así, con el tiempo, se logra la constancia.[2]

El desapasionamiento se refiere a que no te conmueva el deseo de lograr beneficios.[3] Una postura desapegada nos permite seguir realizando esfuerzos sin desanimarnos, y previene el orgullo por el cual todo puede perderse. Tal actitud nos hace dominar nuestros esfuerzos, en vez de ser víctimas de las circunstancias.

Estas disciplinas son esenciales para lograr el objetivo del Yoga, el control de la mente, si se quiere que el éxito se mantenga y no sea algo efímero.

[1] *Yoga Sūtra 1.12*
[2] *Yoga Sūtra y Comentario 1.13—14*
[3] *Yoga Sūtra y Comentario 1.15*

Torsiones de columna

En toda la naturaleza, las plantas y los animales están dotados de la capacidad de girar en diferentes direcciones. El ser humano no es ninguna excepción. La rotación axial forma parte del diseño de la columna vertebral, dotándola de versatilidad de movimiento.

Ciertas posturas de Yoga se aprovechan de esta capacidad de rotar, usándola para restaurar y para incrementar tanto la solidez como la flexibilidad de la columna. Los movimientos de giro se realizan siempre después de estirarse, para que se genere espacio entre las vértebras, posibilitando el giro.

Las diferentes zonas de la espalda (sacra, lumbar, dorsal y cervical) poseen diferentes grados de movimiento lateral. Lo que suele ocurrir es que las partes más rígidas (sacro y tórax) se quedan inmóviles y que las partes más flexibles hacen todo el movimiento. Este patrón de infrautilización y sobreutilización provoca tensiones que pueden culminar en lesiones.

Las posturas de torsión ayudan a reequilibrar la desigual energía cinética de la columna. Esto se debe a que implican toda la longitud de la columna, desde el cóccix hasta el cuello. La acción de la torsión comienza en las caderas y asciende como una espiral.

Al mismo tiempo, el sacro, el tramo dorsal de la columna, la cara posterior de las costillas y los omóplatos se disponen de manera cóncava. Estas zonas suelen hundirse hacia fuera y hacia abajo, provocando una postura cargada de hombros y con el sacro y las lumbares en retroversión, formas que acompañan de manera característica a los dolores de espalda. Por tanto, las posturas que implican la torsión de la columna vertebral son sumamente eficaces en la revitalización de la espalda y el alivio del dolor. También estimulan el sistema digestivo masajeando los intestinos.

La torsión de columna se realiza tanto en posturas en pie como sedentes. En las más sencillas se usa una silla como apoyo; por eso son posibles incluso cuando duele la espalda.

Las posturas en pie realizadas en serie proporcionan el entrenamiento en estiramiento, requisito previo para girar la columna. *Parivṛtta-Trikoṇāsana* se agrega luego a esta preparación y hace que el tronco gire 180 grados sobre la piernas, de manera que quede vuelto, literalmente, al revés.

Para las torsiones sedentes, pueden adoptarse diversas posiciones de piernas, cada una de las cuales actúa de manera diferente facilitando el acceso a una distinta región del tronco. Así, al sentarse con las piernas cruzadas, es más fácil girar las caderas y las lumbares que al arrodillarse; pero, al arrodillarse, es más fácil rotar la caja torácica. En *Bharadvājāsana* los hombros y los omóplatos pueden girarse intensamente.

A veces, después de *Sarvāṅgāsana* se siente tensión en la espalda. Esta tensión se elimina mediante *Jaṭhara-Parivartanāsana*, en tendido supino. En vez de la torsión de espalda respecto a las piernas estáticas, como en las posturas en pie y sedentes, las piernas se giran contra la espalda, que se halla estable en el suelo. Esta postura es también eficaz para aliviar el dolor de espalda producido por otras causas.

भरद्वाजासन *Bharadvājāsana*

Postura de Bharadvaja

El nombre de esta postura conmemora a uno de los siete grandes videntes (*ṛṣi*) de las leyendas indias que transmitieron el conocimiento eterno de los Vedas.

Siéntese de lado en una silla, con el costado derecho vuelto hacia el respaldo. Mantenga unidos los pies. Estire hacia arriba el tronco y atrase los hombros.

Espire, gire hacia la derecha y sujétese del respaldo. Gire la cabeza y el cuello hacia la derecha. Respire acompasadamente.

Permanezca en la postura entre 30 segundos y 1 minuto. Suelte las manos y vuelva al centro. Repita por el otro lado.

Para progresar

Mantenga el tronco vertical para que la columna gire sobre su eje. Gire las caderas, la cintura, la caja torácica y los hombros. Recoja el tramo dorsal de la columna y los omóplatos. Eleve la cara anterior del tronco.

मरीच्यासन १ *Marīchyāsana 1*

Postura de Marici 1

Esta postura conmemora a otro de los siete grandes videntes (*ṛṣi*) que legaron la sabiduría sagrada atesorada en los Vedas.

Disponga un taburete alto (o una silla) apoyado en una pared o repisa. Adopte *Tāḍāsana* (véase Unidad 1, pág. 19) con el costado derecho apoyado en la pared, vuelto hacia el taburete y cerca de él. Coloque el pie derecho sobre el taburete, con la cadera en contacto con la pared. Espirando, gire el tronco hacia la pared y agárrese de la repisa (o coloque las manos sobre la pared). Estire hacia arriba la pierna izquierda y manténgala vertical. Si es necesario, acérquese más al taburete.

Permanezca en la postura entre 30 segundos y 1 minuto. Vuelva al centro y baje la pierna. Repita por el otro lado.

Para progresar

Presione la cadera izquierda hacia la pared y el muslo izquierdo hacia atrás. Mantenga vertical el tronco para que la columna gire sobre su eje. Gire las caderas, la cintura, la caja torácica y los hombros. Recoja el tramo dorsal de la columna y los omóplatos. Eleve la cara anterior del tronco.

उत्थित-हस्त-पादाङ्गुष्ठासन *Utthita-Hasta-Padāṅguṣṭhāsana*

Postura Vertical de la Mano al Pie 3

Nada alivia tan rápidamente una espalda dolorida como las «torsiones» de Yoga.

Disponga un taburete alto (o una silla) apoyado en una pared o repisa y coloque bloques de madera encima hasta la altura de las caderas. Adopte *Tāḍāsana* (véase Unidad 1, pág. 19) con el costado derecho apoyado en la pared, vuelto hacia el taburete y cerca de él. Coloque la pantorrilla derecha sobre el taburete, con la cadera en contacto con la pared. Espirando, gire el tronco hacia la pared y agárrese de la repisa (o coloque las manos sobre la pared). Estire la pierna izquierda hacia arriba y manténgala vertical. Si es necesario, acérquese más al taburete.

Permanezca en la postura entre 30 segundos y 1 minuto. Vuelva al centro y baje la pierna. Repita por el otro lado.

Para progresar

Presione la cadera izquierda hacia la pared y el muslo izquierdo hacia atrás. Mantenga vertical el tronco para que la columna gire sobre su eje. Gire las caderas, la cintura, la caja torácica y los hombros. Recoja el tramo dorsal de la columna y los omóplatos. Eleve la cara anterior del tronco.

त्रिकोणासन *Trikoṇāsana*

Postura del Triángulo

Cuando las posturas se repiten, se graban en la memoria física necesaria para que el cuerpo interiorice la forma de las asanas; al final, deben coincidir la implicación física y la mental.

Siga el método indicado en la Unidad 7 (pág. 120).

Para progresar

Gire uniformemene ambas piernas hacia fuera, incluyendo el muslo, la rodilla y la pierna propiamente dicha. Gire uniformemente todo el tronco, tanto la pelvis como la caja torácica. El apoyo de la pared para el pie atrasado y el ladrillo para la mano ayudan a estas torsiones. Recoja el tramo dorsal de la columna para girar el cuello y la cabeza.

पार्श्वकोणासन *Pārśvakoṇāsana*

Postura del Ángulo Lateral

Sacando fuerza de los apoyos de la pared y el ladrillo, las partes del cuerpo se adelantan, se atrasan, se estiran o giran para aportar alineación con el plano vertical.

Siga el método indicado en la Unidad 7 (pág. 121).

Para progresar

Gire uniformemente toda la pierna izquierda hacia fuera, incluyendo el muslo, la rodilla y la pierna propiamente dicha. Mantenga el giro externo del muslo derecho mientras lo flexiona. Gire uniformemente todo el tronco, tanto la pelvis como la caja torácica. Rote el brazo izquierdo desde el hombro, de modo que la palma de la mano quede vuelta hacia abajo. Recoja el tramo dorsal de la columna para girar el cuello y la cabeza.

वीरभद्रासन १ *Virabhadrāsana 1*

Postura del Guerrero 1

El apoyo de la pared proporciona fuerza para el giro de las caderas, esencial para esta postura.

Siga el método indicado en la Unidad 7 (pág. 122).

Para progresar

Gire uniformemente toda la pierna izquierda hacia dentro, incluyendo el muslo, la rodilla y la espinilla. Mantenga el giro externo del muslo derecho mientras lo flexiona. Aparte la nalga izquierda de la derecha y gire más las caderas. Gire uniformemente la pelvis y la caja torácica. Rote la cara exterior de los brazos hacia dentro y estírelos hacia arriba desde los hombros. Al atrasar la cabeza, presione el tramo dorsal de la columna hacia el interior del tronco.

Eleve la caja torácica apartándola de la cintura.

उत्तानासन *Uttānāsana*

Estiramiento Intenso

Cuando las piernas se hallan inclinadas (posición que se hace posible apoyándose contra la pared), el tronco se suelta más hacia abajo y se alivia rápidamente la tensión del esfuerzo realizado.

Adopte *Tāḍāsana* (pág. 19) a 30-45 cm de una pared. Separe los pies entre sí la anchura de las caderas. Colocando las yemas de los dedos en la pared para sostenerse, inclínese hacia atrás y apoye las nalgas contra ella. Desplace hacia arriba con las manos la masa carnosa de las nalgas, para que los huesos (ísquiones) se apoyen en la pared. Flexione el tronco a partir de las caderas y cójase de los codos. Respire acompasadamente y relájese.

Ayuda

- **Si tiene la espalda rígida, separe más los pies o realice *Ardha-Uttanasana* (Unidad 2, pág. 41).**

Para progresar

Mantenga las rodillas tensas y estire hacia arriba toda la pierna, a partir de las espinillas. Con ayuda de los brazos, traccione el tronco hacia abajo desde los hombros. Aparte del cuello la base del cráneo, para relajar la cabeza.

वीरभद्रासन २ *Virabhadrāsana 2*

Postura del Guerrero 2

Aunque esta postura se conozca popularmente como El Guerrero, de hecho recibe el nombre de una manifestación del dios hindú Śiva, la encarnación aterradora de su ira.

Siga el método indicado en la Unidad 7 (pág. 124).

Para progresar

Gire uniformemente toda la pierna izquierda hacia fuera, incluyendo el muslo, la rodilla y la espinilla. Mantenga el giro externo del muslo derecho mientras lo flexiona. Gire el tronco ligeramente de derecha a izquierda, para que quede vuelto hacia delante. Recoja el tramo dorsal de la columna para girar el cuello y la cabeza.

परिवृत्त-त्रिकोणासन *Parivṛtta-Trikoṇāsana*

Postura del Triángulo Girado

El tronco gira 180 grados para extenderse hacia atrás sobre las piernas, requiriendo y desarrollando (a la vez) una potente torsión de la columna.

Adopte *Tāḍāsana* (véase Unidad 1, pág. 19) a unos 60 cm de una pared, con el costado izquierdo vuelto hacia ella. Lleve el pie izquierdo a la pared, colocando contra ella su borde externo. Abra bien las piernas, separándolas entre sí 105-120 cm. Gire el pie derecho hacia fuera 90 grados y gire también la pierna en igual dirección. Coloque un ladrillo vertical junto al borde externo del pie derecho. Gire el pie izquierdo profundamente hacia dentro (60 grados), de modo que sólo el talón se halle apoyado en la pared. Gire al mismo tiempo la pierna izquierda hacia dentro. Alinee el centro del talón derecho con el centro del arco plantar izquierdo. Colóquese las manos en las caderas y gire el tronco hacia la derecha. Tense las rótulas y tire hacia arriba de la musculatura de los muslos.

Flexione el tronco a partir de las caderas, girando a la vez el tronco hacia la derecha; coloque la mano izquierda sobre el ladrillo. Enderece el brazo izquierdo. Alargue la cara anterior del tronco y atrase el hombro derecho.

Eleve verticalmente el brazo derecho, con la palma vuelta hacia delante. Gire más el tronco. Gire el cuello y la cabeza y mire hacia arriba. Respire acompasadamente.

Permanezca en la postura durante 20-30 segundos. Inspirando, incorpórese. Repita por el otro lado.

Para progresar

Gire las caderas, la cintura, la caja torácica y los hombros. Recoja el tramo dorsal de la columna y los omóplatos. Eleve y ensanche el pecho.

Ayuda

- **Si le resulta difícil mantener el equilibrio y girar el tronco, coloque el ladrillo junto al borde interno del pie derecho.**

अधो-मुख-वीरासन *Adho-Mukha-Vīrāsana*

Postura del Héroe, Boca Abajo

Después de estirar las piernas intensamente, es un alivio flexionarlas; las acciones, aunque opuestas, sirven mutuamente para comprenderlas.

Siga el método indicado en la Unidad 2 (pág. 42).

Para progresar

Presione suavemente con los dedos la masa carnosa de las corvas, para introducirla en la articulación. Mientras que en el estiramiento las corvas se proyectan hacia atrás, al flexionarlas, se introducen profundamente, de manera que la articulación puede flexionarse con comodidad. Doble las rodillas uniformemente en sus caras interna y externa.

पार्श्वोत्तानासन *Pārśvottānāsana*

Estiramiento Lateral Intenso

La espalda se estira conjuntamente con las extremidades: cuanto más se estiren los brazos y las piernas, mejor se extiende la espalda.

Adopte *Tāḍāsana* (véase Unidad 1, pág. 19) a unos 60 cm de una pared, con el costado izquierdo vuelto hacia ella. Lleve el pie izquierdo a la pared, colocando contra ella su borde externo. Abra bien las piernas, separándolas entre sí 105-120 cm. Gire el pie derecho 90 grados hacia fuera y gire también la pierna en la misma dirección. Gire el pie izquierdo hacia dentro profundamente (60 grados), de modo que sólo el talón se halle apoyado en la pared. Gire al mismo tiempo la pierna izquierda hacia dentro. Alinee el centro del talón derecho con el centro del arco plantar izquierdo. Colóquese las manos sobre las caderas y gire el tronco hacia la derecha. Tense las rótulas y tire hacia arriba de la musculatura de los muslos.

Inspirando, eleve los brazos por encima de la cabeza, con las palmas de las manos vueltas una hacia la otra. Tense los codos y estire hacia arriba los brazos y el tronco.

Flexione el tronco a partir de las caderas y coloque en el suelo las yemas de los dedos. Alargue la cara anterior del tronco y presione hacia abajo el sacro y el tramo dorsal de la columna, para ponerlos cóncavos. Alce la cabeza.

Ayuda

- **Si las manos no llegan al suelo, colóquelas sobre ladrillos.**

Flexione los codos, atrase las manos y desplace el tronco y la cabeza hacia la pierna derecha. Respire acompasadamente.

Permanezca en la postura durante 20-30 segundos. Inspirando, incorpórese. Repita por el otro lado.

Si tiene tensión en las piernas después de esta serie de posturas en pie, arrodíllese y flexione el tronco adoptando *Adho-Mukha-Vīrāsana* (véase Unidad 2, pág. 42).

Para progresar

Tire intensamente hacia arriba de las piernas y nivele las caderas. Desplace el tronco hacia la pierna derecha, la pierna derecha hacia la pierna izquierda y la pierna izquierda hacia la pared.

परिवृत्त-सुखासन *Parivṛtta-Sukhāsana*

Torsión en Postura Cómoda

Sencilla, pero eficaz, esta torsión de columna alivia rápidamente el dolor de espalda.

Siéntese en una o dos mantas dobladas o un bloque de madera y cruce simplemente las piernas. Coloque un ladrillo u otro apoyo detrás de la espalda. Eleve la parte inferior de la espalda y estire el tronco hacia arriba. Atrase los hombros. Espire y gire el tronco hacia la derecha, colocando la mano izquierda en la rodilla derecha y la mano derecha en el ladrillo. Gire el cuello y la cabeza hacia la derecha. Respire acompasadamente.

Permanezca en la postura durante 20-30 segundos. Vuelva al centro. Repita por el otro lado. Luego cambie el cruce de piernas y repita por ambos lados.

Para progresar

Gire, sucesivamente, las caderas, la cintura, la caja torácica y los hombros. Recoja la cara posterior de las costillas y los omóplatos. Eche los hombros hacia atrás y hacia abajo, y eleve el pecho.

Ayuda

- **Si tiene rígidas la espalda o las caderas, siéntese en un soporte más alto.**

परिवृत्त-वीरासन *Parivṛtta-Vīrāsana*

Torsión en El Héroe

Diferentes posiciones de las piernas para crear la base de la postura alteran el énfasis de la torsión de columna; aquí la región sacro-lumbar se mueve con relativa libertad.

Siéntese entre las piernas adoptando *Vīrāsana* (pág. 107) con un soporte bajo las nalgas. Coloque un ladrillo detrás de la espalda. Eleve y estire el tronco hacia arriba. Atrase los hombros. Espirando, gire el tronco hacia la derecha, colocando la mano izquierda sobre la rodilla derecha y la mano derecha sobre el ladrillo. Gire el cuello y la cabeza hacia la derecha. Respire acompasadamente. Mantenga la postura 20-30 segundos. Vuelva al centro. Repita por el otro lado.

Para progresar

Estire los costados del tronco hacia arriba con la ayuda de los brazos.

Ayuda

- **Si tiene rígidas la espalda o las caderas, siéntese en un soporte más alto.**

परिवृत्त-दण्डासन *Parivṛtta-Daṇḍāsana*

Torsión en Postura del Báculo

Como una espiral, la torsión de columna empieza de manera mínima y se incrementa a medida que asciende.

Siéntese en un soporte con las piernas extendidas de frente. Coloque un ladrillo detrás de la espalda. Eleve el sacro y las lumbares y yerga el tronco. Atrase los hombros. Espirando, gire el tronco hacia la derecha, colocando la mano izquierda en la rodilla derecha o en la cara externa de la pantorrilla y la mano derecha en el ladrillo. Gire el cuello y la cabeza hacia la derecha. Respire acompasadamente. Mantenga la postura durante 20-30 segundos. Vuelva al centro. Repita por el otro lado.

Para progresar

Gire, sucesivamente, las caderas, la cintura, la caja torácica y los hombros. Recoja la cara posterior de las costillas y los omóplatos. Desplace los hombros hacia atrás y hacia abajo y eleve el pecho.

Ayuda

- **Si tiene rígidas la espalda o las caderas, siéntese en un soporte más alto.**

परिवृत्त-बद्धकोणासन *Parivṛtta-Baddha-Koṇāsana*

Torsión en El Ángulo Ligado

Las rodillas presionan hacia abajo activamente para estabilizar la base de esta torsión; si no, la región sacro-lumbar no puede girar.

Siéntese sobre un soporte con las piernas extendidas de frente. Coloque un ladrillo detrás de la espalda. Flexione las piernas hacia fuera, adoptando *Baddha-Koṇāsana* (pág. 160). Eleve las lumbares y estire el tronco hacia arriba. Atrase los hombros. Espire y gire el tronco hacia la derecha, colocando la mano izquierda sobre la rodilla derecha y la mano derecha en el ladrillo. Gire el cuello y la cabeza hacia la derecha. Respire acompasadamente. Mantenga la postura 20-30 segundos. Vuelva al centro. Repita por el otro lado.

Para progresar

Estire los costados del tronco hacia arriba con la ayuda de los brazos.

Ayuda

- **Si tiene rígidas la espalda o las caderas, siéntese en un soporte más alto.**

भरद्वाजासन १ *Bharadvājāsana 1*

Postura de Bharadvaja 1

La base de esta postura es asimétrica, lo cual intensifica el efecto de la torsión de columna.

Siéntese en una o dos mantas dobladas o en un bloque de madera con las piernas extendidas al frente. Coloque un ladrillo detrás de la espalda. Flexione las piernas hacia la izquierda y coloque los pies junto a la cadera izquierda, con el pie izquierdo sobre el arco plantar del pie derecho y los dedos del pie izquierdo dirigidos hacia atrás. Desplace el soporte de modo que se halle únicamente bajo la nalga derecha. Atrase las manos y agarre el ladrillo. Eleve la parte inferior de la espalda y estire hacia arriba el tronco. Eleve el pecho y atrase los hombros.

Espirando, gire el tronco hacia la derecha, colocando la mano izquierda sobre la rodilla o el muslo derechos y la mano derecha sobre el ladrillo situado detrás de la espalda. Gire el cuello y la cabeza hacia la derecha. Respire acompasadamente.

Permanezca en la postura durante 20-30 segundos. Vuelva al centro. Repita por el otro lado.

Para progresar

Gire, sucesivamente, las caderas, la cintura, la caja torácica y los hombros. Recoja la cara posterior de las costillas y los omóplatos. Desplace los hombros hacia atrás y hacia abajo, y eleve el pecho.

Ayuda

- **Si tiene rígidas la espalda o las caderas, siéntese en un soporte más alto.**

सर्वाङ्गासन *Sarvāṅgāsana*

Equilibrio sobre los Hombros

Cada tipo y serie de posturas afecta a las posteriores; la rotación de columna incrementa la soltura y libertad del cuello y la espalda en las posturas invertidas.

Siga el método indicado en la Unidad 10 (pág. 179).

Para progresar

Presione los codos hacia abajo, para que el peso del cuerpo no recaiga sobre el cuello. Eleve la parte superior del tronco a partir de la base, cerca de los hombros. Meta el cóccix y tense las nalgas. Eleve las caderas. Tense las rótulas y extienda las corvas. Estire hacia arriba las piernas, manteniendo relajados los pies.

Advertencias

Véase Unidad 3, pág. 62.

हलासन *Halāsana*

Postura del Arado

Algunas posturas poseen vínculos naturales con otras: el Equilibrio sobre los Hombros no se siente completa sin la Postura del Arado.

Partiendo de *Sarvāṅgāsana* (arriba), flexione las piernas y baje los pies al suelo. Estire las piernas.

Quítese la banda o cinturón y lleve los brazos por encima de la cabeza. Relájese.

Permanezca en la postura entre 2 y 5 minutos. Espirando, descienda.

Para progresar

Colóquese sobre las yemas de los dedos de los pies. Mantenga firmes las rodillas y presione las piernas hacia arriba. Eleve el tronco y las caderas.

Advertencias

Véase Unidad 3, pág. 62.

जठर-परिवर्तनासन

Jaṭhara-Parivartanāsana

Postura de Torsión Abdominal

Haciendo esta postura, a menudo se consigue un rápido alivio del dolor de espalda.

Tiéndase de espaldas formando una línea recta con el cuerpo. Extienda los brazos a los lados alineados con los hombros. Flexione las rodillas sobre el abdomen.

Espirando, baje las piernas hacia la derecha, en dirección al brazo; al mismo tiempo, gire el abdomen hacia la izquierda y presione contra el suelo el hombro izquierdo.

Cruce el brazo derecho sobre la rodilla izquierda. Presiónelo hacia abajo para intensificar la rotación. Respire acompasadamente.

Permanezca en la postura durante 20-30 segundos. Vuelva al centro. Repita por el otro lado.

Para progresar

Mantenga la parte superior del tronco bien pegada al suelo, presionando ambos omóplatos como para introducirlos en el interior del tronco y elevando el pecho. No incline el tronco.

शवासन *Śavāsana*

Postura del Cadáver

Después de muchas rotaciones, la columna se descomprime y se relaja bien; esto calma los nervios.

Siga el método indicado en la Unidad 1 (pág. 26).

Para progresar

Después de relajar los sentidos, sea consciente de la parte posterior de la cabeza. Extienda el ámbito de conciencia por la cara posterior del cuerpo, de la cabeza a los pies. Mantenga este flujo de conciencia ininterrumpidamente durante unos minutos.

Meditación

CONCEPTO CLAVE

Meditación La meditación es la práctica final en Yoga. Se considera que consta de dos etapas: sostenida por objetos y sin objetos. Es posible preguntarse cómo puede haber meditación sin objeto sobre el que meditar. Para responder, podemos prestar atención a la experiencia de sueño profundo, el cual difiere del soñar en que este último es un reflejo del estado de vigilia, pero conteniendo objetos anormales además de normales. En el sueño profundo no hay objeto alguno que la mente pueda captar; en cambio, hay conciencia del yo despojado de todo apéndice mundano. Este estado universalmente experimentado sustenta el concepto de meditación sin objeto.

Hemos visto cómo el Yoga analiza la mente, su objetivo, considerando cinco modos mentales, que incluyen tres tipos de cognición, el sueño profundo y la memoria. Esta última es un verdadero depósito de innumerables huellas dejadas por las experiencias de esta y de pasadas vidas; se despiertan cuando las condiciones son apropiadas. La proximidad del alma induce a la mente, que es material por naturaleza, a entrar en actividad. Las actividades mentales quedan en suspenso en el sueño profundo, en la meditación y en la liberación. Sobre este telón de fondo, ahora entraremos en más detalles sobre la meditación, el tema que más interesa en el Yoga.

El Yoga es educación

La meditación es un proceso muy difícil: el de canalizar la mente hacia la meta espiritual liberándola de manera gradual de sus operaciones normales en las cuales es prácticamente incontrolable. De hecho, las relaciones humanas normales marchan bien porque las operaciones mentales son invisibles. No sabemos lo que otra persona está pensando; puede ser justo lo contrario de lo que dice. Esta incapacidad de conocer la mente de los demás puede incluso poner en peligro la vida humana y la propiedad, pues mantiene en incógnito a los malhechores hasta que ocurre el momento crucial. Este peculiar carácter de la mente puede, por tanto, bien favorecer o bien actuar contra los intereses humanos. La mente nos dirige a actuar de manera física. Considerando el carácter de la mente, el hombre ha creado un instrumento para desarrollarla de tal modo que hace avanzar los intereses individuales y grupales sin implicar graves conflictos. Este instrumento es la educación general. El Yoga no es nada más que educación orientada hacia una meta específica: el desarrollo espiritual. Esto explica el enfoque del Yoga, que progresa de medios sencillos a difíciles, en consonancia con la naturaleza del proceso educativo que comienza con lecciones sencillas e introduce gradualmente otras más difícultosas.

Esta exposición tiene sus propias limitaciones. Explica las etapas progresivas de la meditación como exponía Patañjali, la mayor autoridad sobre Yoga. A quienes carecen de experiencia en práctica meditativa yóguica, seguro que les parece un ejercicio puramente verbal. No podemos verificar sus detalles como nos es posible, por ejemplo, comprobar los de la anatomía. No obstante, se presenta aquí para ofrecer un bosquejo del Yoga de Patañjali lo más completo posible. Se ruega al lector que lo tenga presente mientras lee los siguientes detalles.

La meditación basada en objetos

A través de este prolongado proceso educativo, Patañjali nos conduce al peldaño más alto de la escala, la meditación profunda o absorción (*samādhi*). La meditación se concibe en dos categorías progresivas: basada en objetos (*saṃprajñāta* o *sabīja*), en la cual la mente contempla un objeto, y sin objeto (*asaṃprajñāta* o *nirbīja*), en la cual la mente es trascendida. Aunque ambas se llaman meditación, sólo la primera se incluye entre las ocho ayudas del Yoga que, en su sentido definido, es meditación sin objeto en la que todas las operaciones mentales quedan en suspenso.

La meditación sobre objetos tangibles

La meditación basada en objetos tiene cuatro etapas. Las dos primeras conciernen a objetos tangibles; las dos últimas, a objetos intangibles. La primera de las dos etapas que implican objetos tangibles (por ejemplo, un libro, un árbol o una montaña) se acompaña de un proceso lingüístico tripartito que incluye palabra, significado y cognición. La cognición de un libro supone la palabra «libro» (o un vocablo equivalente de otra lengua), el significado de «libro» y la comprensión de «libro». Todos ellos están inseparablemente unidos en la comunicación normal, aunque no seamos conscientes de ellos. A la larga, para trascender la mente, es necesario superar la red del lenguaje y el pensamiento.

En la segunda etapa de meditación, la concentración se focaliza en objetos tangibles como antes, pero no acompañada del proceso lingüístico. En esta etapa, el yogui es sólo consciente del objeto. En ella un yogui cruza los límites de la cognición normal; para él, todo se visualiza mediante una percepción preternatural. Esta clase de percepción (que podemos llamar clarividencia o intuición) forma la base de su conocimiento. Un yogui que haya desarrollado una aptitud yóguica abre, por así decirlo, un ojo interior cuando los ojos físicos se hallan cerrados; mediante este ojo, se hace posible la visualización de lo oculto. No se confía en la deducción ni en las fuentes tradicionales de autoridad, que son los medios normales de conocer los objetos que se hallan más allá de la percepción de los sentidos. Para el yogui, todo es cuestión de conocimiento intuitivo, en vez de percepción intuitiva.

La meditación sobre objetos intangibles

Cuando el yogui consigue dominar la meditación sobre objetos tangibles, se vuelve hacia los objetos intangibles, como las esencias sutiles de los cinco elementos (olfato, forma-y-color, etc.). Así, la meditación yóguica pule progresivamente la contemplación partiendo de fenómenos concretos y llegando a la causa sutil, subyacente, de la que surgen. En la tercera etapa, la conciencia de espacio, tiempo y causa acompaña la meditación. Todos los acontecimientos de nuestra vida normal se caracterizan por un contexto de espacio, tiempo y causa. Cuando, por ejemplo, caminamos, lo hacemos sobre algún lugar (la calle, un jardín...), a cierta hora (la mañana, la tarde...), y por alguna razón (ir a la oficina, por placer...). Esta conciencia está también implicada en las dos primeras etapas de meditación; pero éstas difieren de la tercera porque sus objetos son tangibles en vez de intangibles.

La cuarta etapa comienza cuando cesa esta conciencia y la mente se absorbe en principios cada vez más sutiles, como se postula en la filosofía *Sāṃkhya-Yoga*: el sentido cósmico del yo, el principio cósmico de inteligencia y la Materia Primigenia.

Éste es el panorama de la meditación por lo que respecta al objeto de meditación. Quedan dos factores más de la cognición: el medio (ojos, orejas, etc.) y el ego como observador o sujeto. Cuando la meditación se concentra en el medio de cognición, la mente se llena de gozo; cuando se concentra en el ego individual, se llena con la sensación de existencia individual, que implica la unión del alma con la identidad individual.

Indra trata de perturbar la meditación del sabio Mārkaṇḍeya.

Los poderes yóguicos

Se dice que el yogui adquiere poderes milagrosos al recorrer el camino del Yoga. Éstos se desarrollan como resultado de su práctica de las últimas tres ayudas del Yoga (concentración, meditación basada en objetos y absorción) y la visión preternatural resultante. Podemos comparar esta visión profunda con el aparato de rayos X que revela lo que es invisible a la vista ordinaria. Patañjali nos informa de que visualizando los elementos esenciales del lenguaje, un yogui se capacita para comprender la comunicación de todas las criaturas. Concentrando su visión en las huellas mnemónicas de su mente, puede ver sus vidas pasadas; concentrándose en el proceso de cognición, puede comprender la mente de otra persona; etc. Es dueño también de ocho poderes que se citan tradicionalmente: volverse diminuto; volverse enorme; volverse pesado; volverse ligero; llegar a cualquier parte del mundo; conseguir lo que quiere; controlar los elementos (tierra, fuego, agua, etc.); transformar una cosa en otra.
En suma, en esta etapa el mundo se halla a la entera disposición del yogui. Patañjali da una

larga lista de tales poderes, pero advierte de que, aunque parezcan ser logros, se trata de hecho de obstáculos para la meta final del Yoga, la liberación, pues pueden desviar de ella al yogui.

La meditación sin objeto

Una vez dominada la meditación basada en objetos, un yogui puede pasar a la etapa más elevada de la meditación sin objeto. En este plano, todas las operaciones de la mente quedan en suspenso. Lo que resta de la mente son sólo huellas mnemónicas y los Destinos que guían y regulan nuestra vida. En otras palabras, durante este tipo de meditación, la mente se reduce prácticamente a nada, si bien es cierto que de manera transitoria. Son las huellas mnemónicas las que despiertan a la memoria del yogui al final de la meditación y le devuelven a sus funciones normales: exactamente como sucede al final del sueño profundo.

En resumen

La mente es una cosa tal que no puede ser captada por otra [mente];
así es como puede ocurrir el engaño mental, de palabra y de hecho.

Por tanto, para salvaguardar los intereses de los individuos y los grupos,
los hombres han introducido un medio llamado educación; el Yoga no es nada más que educación de la mente.

Los maestros de Yoga han prescrito una larga escalera de peldaños,
fácil de comenzar, pero verdaderamente dificultosa; es en verdad difícil el control de la mente.

Así la meditación es de dos tipos:
uno, basado en los objetos; el otro, sin objeto.

El yogui que es perfecto en la meditación de objetos sutiles
lo percibe todo; a partir de esta percepción surge el conocimiento autorizado.

Al conjunto formado por la concentración, la meditación y la absorción se le denomina visión profunda.
Mediante la visión profunda de diversos objetos, los yoguis obtienen poderes milagrosos.

Los poderes puede que lo sean en la vida normal,
pero en meditación todos ellos son sólo obstáculos.

Se llama sin objeto aquella meditación en la que se suspenden todos los modos mentales,
y en ella la mente, quedando reducida a huellas mnemónicas, es como si se disolviese.

Para una perspectiva más amplia...

El Yoga en la ficción

Patañjali nos informa de que, en una cierta etapa de las prácticas yóguicas, el yogui logra poderes milagrosos. En la literatura sánscrita existen muchas historias acerca de tales poderes. De un cuento de gran antigüedad, que data de los siglos III o IV a. C., se escribió una nueva versión en una obra del siglo XI titulada *La mar de historias* (*Kathasaritsagara*); en esta obra hay una serie de historias narradas por un duende a un rey. Cada una de ellas termina en un acertijo que se pide al rey que resuelva si no quiere perder su vida.

Un viejo yogui vivía en una cabaña cerca de un cementerio. Su edad no le permitía continuar sus prácticas tan vigorosamente como antes. Cierto día descubrió que había sido traído al cementerio el cadáver de un joven para su cremación; un pensamiento cruzó su mente. Ante ese pensamiento primero se lamentó y después bailó de alegría. Antes de que se prendiese fuego a la pira, el yogui abandonó su cuerpo y entró en el del joven. Al ver vuelto a la vida al muchacho muerto, sus parientes se llenaron de júbilo y rápidamente le ayudaron a descender de la pira. El yogui, bajo la forma del muchacho resucitado, les contó que el dios Śiva le había hecho volver de la muerte con la condición de que dedicase el resto de su vida a las prácticas yóguicas. Les pidió que le dejasen y se fueran a casa. Los parientes del muchacho hicieron lo que les pedía, como precio por el hecho mismo de su resucitación. Cuando se hubieron ido, el rejuvenecido yogui enterró su antiguo cuerpo muerto.

El acertijo que el duende planteó al rey era: ¿por qué el yogui primero se lamentó y luego bailó de alegría? La respuesta del rey fue: el yogui se lamentó porque le daba pena dejar el cuerpo que sus padres habían amado y criado con esmero, y se alegró al pensar en revivir en un cuerpo joven, que aseguraba sus prácticas yóguicas durante muchos años.

Unidad 12

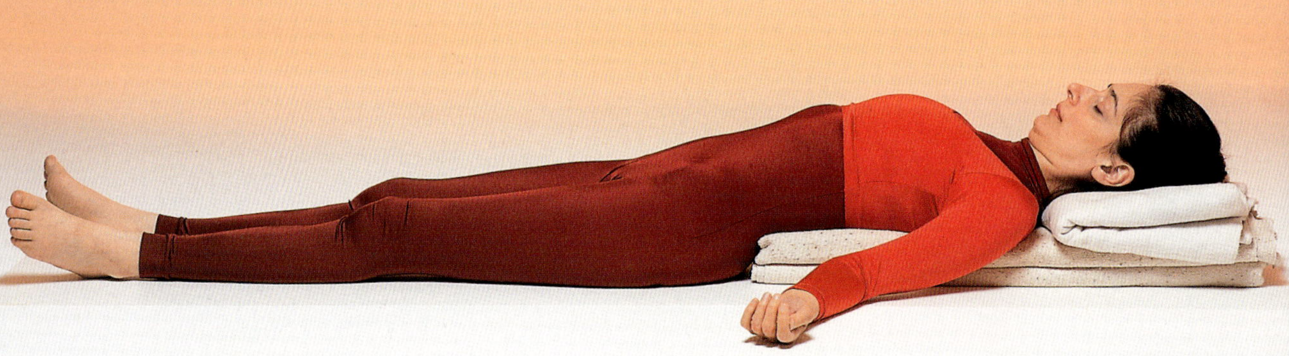

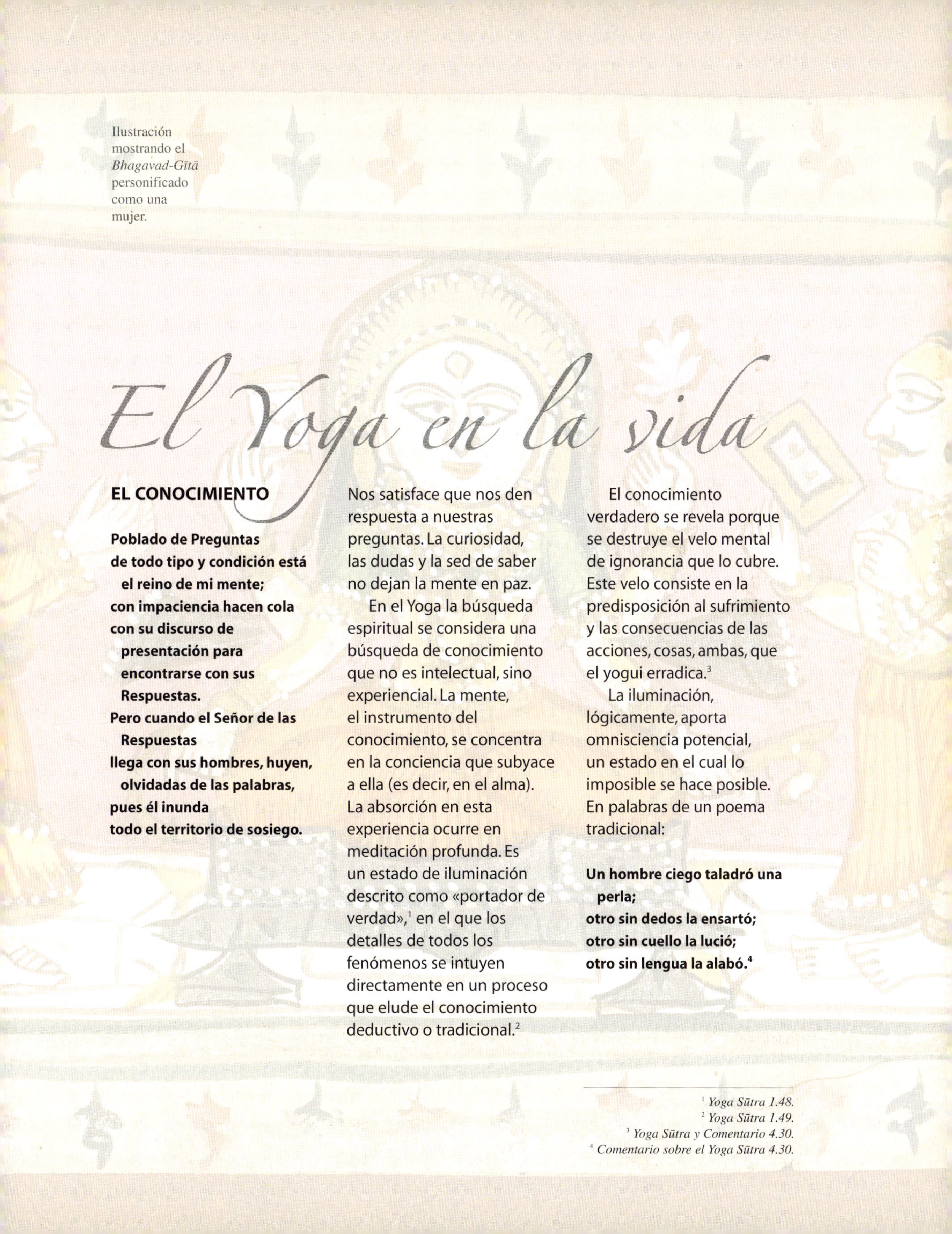

Ilustración mostrando el *Bhagavad-Gītā* personificado como una mujer.

El Yoga en la vida

EL CONOCIMIENTO

Poblado de Preguntas
de todo tipo y condición está
el reino de mi mente;
con impaciencia hacen cola
con su discurso de
presentación para
encontrarse con sus
Respuestas.
Pero cuando el Señor de las
Respuestas
llega con sus hombres, huyen,
olvidadas de las palabras,
pues él inunda
todo el territorio de sosiego.

Nos satisface que nos den respuesta a nuestras preguntas. La curiosidad, las dudas y la sed de saber no dejan la mente en paz.

En el Yoga la búsqueda espiritual se considera una búsqueda de conocimiento que no es intelectual, sino experiencial. La mente, el instrumento del conocimiento, se concentra en la conciencia que subyace a ella (es decir, en el alma). La absorción en esta experiencia ocurre en meditación profunda. Es un estado de iluminación descrito como «portador de verdad»,[1] en el que los detalles de todos los fenómenos se intuyen directamente en un proceso que elude el conocimiento deductivo o tradicional.[2]

El conocimiento verdadero se revela porque se destruye el velo mental de ignorancia que lo cubre. Este velo consiste en la predisposición al sufrimiento y las consecuencias de las acciones, cosas, ambas, que el yogui erradica.[3]

La iluminación, lógicamente, aporta omnisciencia potencial, un estado en el cual lo imposible se hace posible. En palabras de un poema tradicional:

Un hombre ciego taladró una
perla;
otro sin dedos la ensartó;
otro sin cuello la lució;
otro sin lengua la alabó.[4]

[1] *Yoga Sūtra 1.48.*
[2] *Yoga Sūtra 1.49.*
[3] *Yoga Sūtra y Comentario 4.30.*
[4] *Comentario sobre el Yoga Sūtra 4.30.*

La mente y la respiración

Cuando se mueve el aliento, se mueve la mente;
cuando está en calma, la mente está en calma.
El yogui se inmoviliza como un poste;
así pues, hay que contener el aliento.

Eso afirma un manual medieval sobre práctica del Yoga, el *Haṭha Yoga Pradīpikā*, expresando una doctrina ampliamente aceptada. De manera similar, actualmente se sabe bien que diferentes patrones de respiración acompañan a los distintos estados mentales: por ejemplo, hiperventilación y ansiedad, o respiración profunda y serenidad.

Las posturas de Yoga pueden alterar los estados emocionales e inducir calma. Cuando la mente está tranquila, se abre otra vía a través de la cual puede controlarse la mente. Se trata de la concentración deliberada en la respiración.

Igual que sucede con todos los viajes con un propósito determinado, la preparación es la clave para el éxito. Hay dos áreas que cubrir, correspondientes a los dos lados de la cuestión. La concentración efectiva requiere que el cuerpo y la mente se hallen libres de tensiones. La concentración efectiva en la respiración no es posible a menos que los pulmones reciban aire en abundancia.

Ambas necesidades se cubren practicando posturas que expandan el tórax y promuevan la relajación. El proceso se inicia en posturas supinas con apoyo. La liberación de tensión mental continúa en flexiones de tronco con apoyo en las que la cabeza se sostiene sobre un soporte: sobre la línea del cabello en la Postura del Perro (*Adho-Mukha-Śvānāsana*), sobre la coronilla en la Postura de Estiramiento Intenso (*Uttānāsana*) y sobre la frente en las posturas sedentes. Las inversiones exigen concentración en la parte superior del tórax a fin de mantenerlo expandido. Esto entrena a las costillas superiores y a la cintura escapulohumeral a trabajar más eficientemente, sosteniendo una abundante entrada de aire.

Todas estas posturas se mantienen durante cierto tiempo, lo que arraiga sus efectos. El efecto psicológico acumulativo de toda la serie de posturas transforma en profundidad a la mente, llevándola de la extroversión a la introspección.

Por último, con la relajación física y la tranquilidad mental bien establecidas, la mente está lista para concentrarse en la respiración.

El primer paso consiste en hacerse consciente de la respiración y observarla. Como los ojos están cerrados, esto implica el uso de una visión interior, el ojo de la mente. Ritmo, volumen, duración, textura, paso del aire por los orificios nasales, recepción por cada pulmón: notando todas estas cosas, nos familiarizamos con la respiración. En vez de ser una fuerza oculta y descontrolada, se convierte en un objeto analizable. Y al conocerla, se vuelve controlable.

Es posible regular todas y cada una de las características de la respiración, lo cual constituye un área separada de la práctica del Yoga, el control de la respiración (*prāṇāyāma*), que se desarrolla sobre una base de una práctica de posturas rigurosa y fructífera. Incluso a un nivel elemental, aporta una experiencia inefable de lucidez y tranquilidad. Y sin embargo, se trata sólo de un peldaño hacia las alturas meditativas ofrecidas por el Yoga en su búsqueda de la experiencia suprema del alma.

मत्स्यासन *Matsyāsana*

Postura del Pez

Sobre un soporte, se expande el pecho; al liberarse la respiración, el practicante siente como si flotase.

Siga el método indicado en la Unidad 4 (pág. 73). Pliegue los brazos por encima de la cabeza.

Para progresar

Alargue los costados del tronco cuando se tienda de espaldas.

सुप्त-बद्ध-कोणासन *Supta-Baddha-Koṇāsana*

Postura Supina del Ángulo Ligado

Cuando la respiración se calma y se hace rítmica y lenta, los pensamientos se vuelven reposados y la mente se tranquiliza.

Siéntese en el extremo de un almohadón cilíndrico. Flexione lateralmente las rodillas y una las plantas de los pies. Acerque los talones al pubis. Para mantener las piernas cerca del tronco sin esfuerzo, átese unidos las piernas y el tronco. Pase un cinturón en torno a la base de la parte inferior de la espalda, por encima de las partes altas de los muslos y por debajo de la parte inferior de las espinillas. Ténselo, con la hebilla entre el muslo y la pantorrilla, para que no presione sobre la masa carnosa de la pierna.

Deslizándose, baje del almohadón y tiéndase sobre él. Colóquese una manta doblada debajo de la cabeza y el cuello. Apoye los brazos en el suelo junto al tronco. Respire acompasadamente y relájese. Permanezca así entre 3 y 5 minutos. Desate el cinturón, una las rodillas, vuélvase de lado e incorpórese.

Para progresar

Tense más el cinturón.

Ayuda

- **Si siente forzadas las articulaciones de la cadera o las ingles, colóquese soportes debajo de los muslos.**

सुप्त-वीरासन *Supta-Vīrāsana*

Postura Supina del Héroe

Una vez que se aprende el arte de estar cómodo en esta postura, la extensión abdominal disipa la tensión mental, y la expansión del tórax mejora la respiración y la tranquilidad.

Siéntese en *Vīrāsana* (pág. 107) con un almohadón cilíndrico detrás de la espalda. Sosteniendo éste contra el cuerpo, tiéndase de espaldas sobre él. Bajo el cuello y la cabeza, colóquese una manta doblada. Ponga los brazos junto al tronco. Durante 3-5 minutos respire acompasadamente y relájese. Incorpórese y flexione el tronco en *Adho-Mukha-Vīrāsana* (pág. 42).

Para progresar

Una las rodillas (al principio tienden a separarse).

Ayuda

- **Si tiene rígidas la espalda y las piernas, siéntese en un soporte y eleve en igual medida el de debajo de la espalda.**
- **Si tiene rígidos los tobillos, colóquese una manta enrollada debajo de ellos.**

अधोमुख-श्वानासन *Adho-Mukha-Śvānāsana*

Postura del Perro, Boca Abajo

Al invertirse, se relajan la columna y el abdomen, lo cual calma los nervios y el cerebro.

Siga el método indicado en la Unidad 4 (pág. 74).

Para progresar

Eleve más las caderas, para que el abdomen se atrase hacia la columna vertebral. Esto incrementa el efecto relajante de la postura.

Ayuda

- **Coloque las manos apoyadas en la pared, con los pulgares y los índices separados (véase Unidad 7, pág. 119).**

उत्तानासन *Uttānāsana*

Estiramiento Intenso

Al relajarse el abdomen, se alivia el pecho y los pulmones respiran con más libertad; todo ello contribuye a la tranquilidad mental.

Siga el método indicado en la Unidad 4 (pág. 76).

Para progresar

Reduzca la altura del soporte situado debajo de la cabeza, para permitir al tronco alargarse hacia abajo.

अधोमुख-सुखासन *Adho-Mukha-Sukhāsana*

Postura Cómoda, Boca Abajo

El abdomen se ablanda más cuando las piernas están cruzadas.

Siéntese en una o dos mantas dobladas delante de un almohadón cilíndrico. Cruce simplemente las piernas. Flexione el tronco y apoye la cabeza y los brazos en el almohadón. Respire acompasadamente y relájese. Permanezca así durante 1-2 minutos. Cruce las piernas al contrario y repita.

Para progresar

Alargue la cara anterior del tronco y aparte ligeramente el almohadón.

Ayuda

- **Si la postura no resulta cómoda, ajuste la altura del soporte bajo la cabeza o las nalgas.**
- **Si se sienten forzadas las ingles o las articulaciones de las caderas, utilice apoyos bajo los muslos.**

जानुशीर्षासन *Jānuśīrṣāsana*

Postura de la Cabeza a la Rodilla

Como la cabeza está baja, las distracciones del mundo exterior se reducen al mínimo y la mente puede dirigirse hacia el interior.

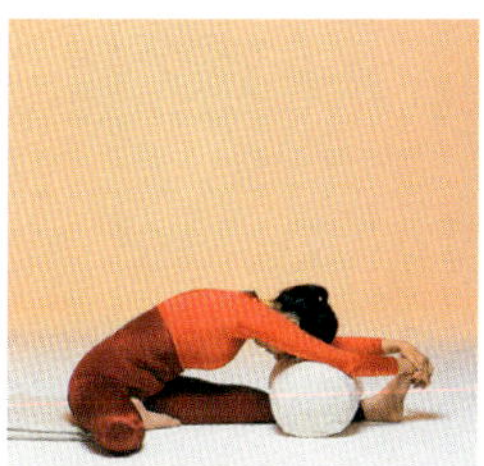

Siéntese en una o dos mantas dobladas y extienda las piernas de frente. Flexione lateralmente la pierna derecha, llevando el talón a su propia ingle. Mantenga la pierna izquierda estirada y el pie vertical. Colóquese un almohadón cilíndrico sobre la espinilla. Espire y flexione el tronco, apoyando la frente y los brazos sobre el almohadón y agarrándose el pie. Respire acompasadamente y relájese.

Permanezca así durante 1-2 minutos. Inspirando, incorpórese. Repita por el otro lado.

Ayuda

- **Si tiene rígida la espalda, siéntese más alto o coloque una manta doblada encima del almohadón.**
- **Si las manos no llegan hasta el pie, use una banda o cinturón para cogérselo.**

Para progresar

A medida que la espalda se relaje y que se alargue la cara anterior del cuerpo, adelante ligeramente el almohadón cilíndrico, sin elevar la cabeza.

एकपादवीर-पश्चिमोत्तानासन *Ekapādavīra-Paścimottānāsana*

Estiramiento Posterior Intenso con Una Pierna en Postura del Héroe

Cada variación aumenta el efecto; una flexión de tronco diferente relaja el cuerpo y la mente de manera ligeramente distinta.

Siéntese sobre 1 o 2 mantas dobladas y extienda las piernas de frente. Remeta la manta bajo la nalga izquierda. Doble la pierna derecha hacia atrás, colocando el pie junto a la nalga y manteniendo la rodilla hacia delante, estirada la pierna izquierda y el pie vertical. Coloque un almohadón sobre la espinilla. Espirando, flexione el tronco y apoye la frente y los brazos en el cojín. Respire acompasadamente y relájese. Permanezca así 1-2 minutos. Inspirando, incorpórese. Repita por el otro lado.

Para progresar

A medida que la espalda se relaje y la cara ant del tronco se alargue, adelante ligeramente e almohadón sin levantar la cabeza.

Ayuda

- **Véase *Jānuśirṣāsana*, pág. 211.**
- **Si le resulta difícil mantener el equilibrio, siéntese más alto.**
- **Si tiene rígidos los tobillos, colóquese una manta enrollada debajo de la parte inferior de la espinilla (véase pág. 42).**
- **Si le duele la espalda después de esta serie de flexiones de tronco, haga *Parivṛtta-Sukhāsana* (véase pág. 196).**

पश्चिमोत्तानासन *Paścimottānāsana*

Estiramiento Posterior Intenso

Con la cabeza dirigida hacia las piernas y flanqueada por los brazos, no es fácil que los estímulos externos exciten los sentidos; esto induce serenidad.

Siéntese sobre una o dos mantas dobladas con las piernas extendidas de frente. Enderece las rodillas y mantenga verticales los pies. Coloque un almohadón cilíndrico sobre las espinillas. Espire y flexione el tronco, apoyando la frente y los brazos sobre el almohadón. Respire acompasadamente y relájese. Permanezca así durante 2-3 minutos. Inspirando, incorpórese.

Ayuda **Véase *Jānuśirṣāsana*, pág. 211.**

Para progresar

A medida que la espalda se relaje y la cara anterior del tronco se alargue, adelante ligeramente el almohadón sin levantar la cabeza. Asegúrese de que la piel de la frente se desplace con suavidad de la línea del cabello a las cejas; no deje que se suba al restregarse con el almohadón.

विपरीत-दण्डासन *Viparīta-Daṇḍāsana*

Postura Invertida del Báculo

Arquear la espalda con apoyo combina la expansión del tórax y los pulmones con la inversión de la cabeza para producir una sensación de tranquila positividad.

Coloque una alfombrilla antideslizante y una manta doblada sobre una silla sólida y resistente con un hueco en la parte baja del respaldo. Disponga longitudinalmente un almohadón cilíndrico y una manta doblada sobre el suelo delante de la silla. Siéntese de espaldas en la silla, pasando las piernas por el hueco del respaldo. Resulta útil unir las piernas atándoselas a medio muslo con un cinturón.

Adelante las nalgas e inclínese hacia atrás, sujetando el asiento de la silla.

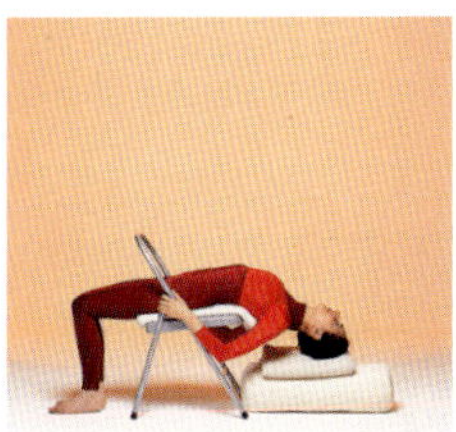

Tiéndase de espaldas sobre el asiento de modo que el borde se halle por debajo de los omóplatos. Apoye la cabeza en el soporte.

Estire las piernas. Pase los brazos por debajo del asiento y agárrese de las patas posteriores de la silla. Respire acompasadamente y relájese. Permanezca así durante 1-2 minutos. Respire acompasadamente y relájese.

Para alzarse, flexione las piernas y agárrese de la parte alta de la silla. Levante el tronco, poniendo cóncava la espalda y elevando primero el pecho y la cabeza al final. Apoye la cara anterior del tronco contra el respaldo de la silla.

Para progresar

Permanezca más tiempo en la postura. Tense las rodillas y estire las piernas. Eche atrás los hombros, apartándolos de la cabeza.

Ayuda

- **Si siente forzada la espalda, eleve los pies colocándolos sobre un soporte.**
- **Si siente forzado el cuello, eleve la altura del soporte situado debajo de la cabeza.**
- **Si siente náuseas, reduzca el arco elevando los soportes situados debajo de la cabeza y los pies.**
- **Si siente comprimidos los hombros, agarre las patas de la silla por fuera.**

सर्वाङ्गासन *Sarvāṅgāsana*

Equilibrio sobre los Hombros

Mente y cuerpo se benefician de ser capaz de mantenerse en esta inversión con apoyo durante mucho tiempo, disfrutando de su efecto calmante y rejuvenecedor.

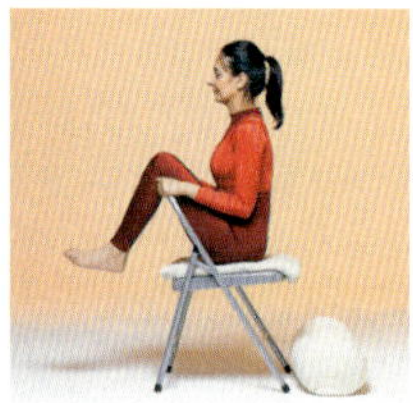

Coloque una manta doblada sobre una silla, preferiblemente encima de una alfombrilla antideslizante. Disponga horizontalmente un almohadón cilíndrico sobre el suelo delante del asiento. Siéntese de espaldas en la silla, colocando las piernas encima del respaldo y sujetándose a él.

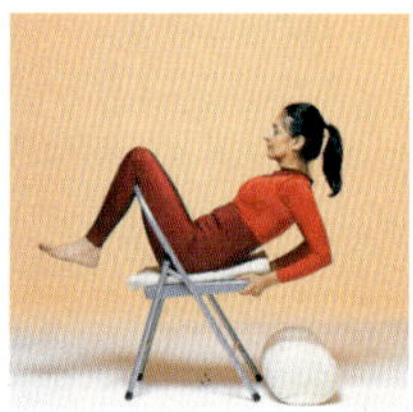

Inclínese hacia atrás, desplazando más las nalgas hacia el respaldo y agarrándose del asiento.

Curve la cintura sobre el asiento de la silla y baje los hombros sobre el almohadón y la cabeza sobre el suelo. Ajuste la posición de la cabeza y el cuello para que estén cómodos.

Estire las piernas hacia arriba apoyadas en el respaldo. Pase los brazos por debajo del asiento y agárrese de las patas posteriores de la silla. Permanezca así entre 3 y 5 minutos. Respire acompasadamente y relájese.

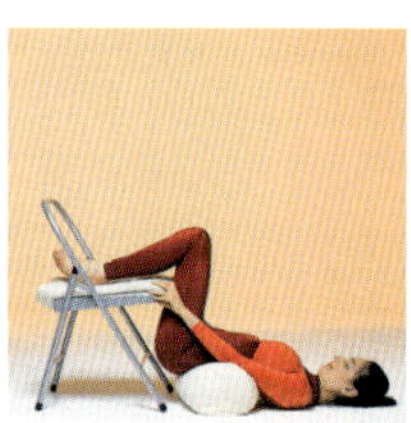

Para descender, flexione las piernas y apoye los pies sobre el respaldo. Agarre las patas posteriores de la silla desde fuera. Sujetándose de la silla, deslícese hacia atrás para bajar de ella hasta que las lumbares se apoyen en el almohadón.

Advertencias

Véase Unidad 3 (pág. 62).

Para progresar

Presione los omóplatos como pa introducirlos más en el tronco y eleve el esternón. Manténgase más tiempo en la postura.

Ayuda

- **Si tiene rígida la espalda, coloque a lo largo un segundo almohadón o mantas enrolladas formando un apoyo más grueso, transversalmente al primero, para que los hombros lleguen con facilidad al soporte.**
- **Si las rodillas se flexionan sobre el respaldo, coloque mantas dobladas sobre él para incrementar la altura. A fin de conseguir una postura aún más relajante, apoye los pies contra una pared. Para hacer esto, coloque la silla a 45-60 cm de la pared.**

सेतुबन्ध-सर्वाङ्गासन

Setu-Bandha-Sarvāṅgāsana

El Puente en Equilibrio sobre los Hombros

Las extensiones y expansiones pasivas como ésta ejercen poderosos efectos sobre la mente, liberando la tensión acumulada y reemplazándola por tranquilidad.

Coloque una alfombrilla antideslizante y una manta doblada sobre un extremo de un banco o mesa de centro sólidos y resistentes. Disponga longitudinalmente un almohadón y una manta doblada sobre el suelo delante del banco. Siéntese de espaldas sobre él, con los pies encima. Una las piernas atándoselas a medio muslo con un cinturón.

Agarrándose del banco, adelante ligeramente las nalgas e inclínese hacia atrás.

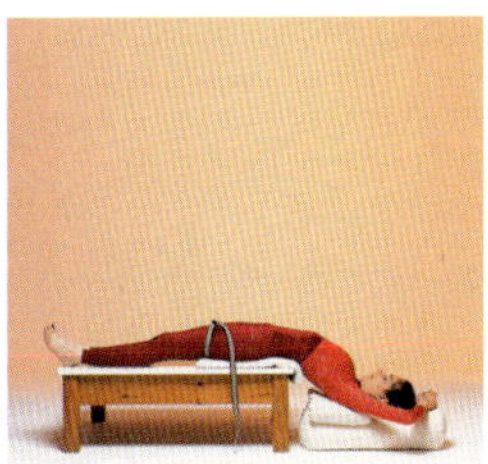

Curvando la cintura sobre el extremo del banco, baje el tronco hasta que los hombros se apoyen en la manta y la cabeza descanse en el almohadón. Estire las piernas. Lleve los brazos por encima de la cabeza. Respire acompasadamente y relájese. Permanezca así entre 3 y 5 minutos.

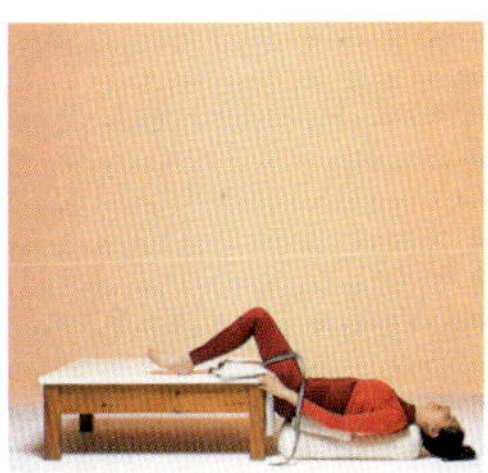

Para descender, flexione las piernas, agárrese del banco y baje de él deslizándose hasta que la parte inferior de la espalda se apoye en el almohadón.

Desabróchese el cinturón. Siéntese en el almohadón con las piernas cruzadas simplemente y flexione el tronco, apoyando la cabeza en el banco.

Para progresar

Antes de estirar las piernas, alargue la parte inferior de la espalda separándola de la cintura. De vez en cuando, tense las rodillas y estire las piernas.

Ayuda

- **Si siente forzada la espalda, flexione las rodillas y eleve los pies colocándolos sobre un soporte.**

शवासन *Śavāsana*

Postura del Cadáver

Con el pecho elevado en un soporte, la facilidad para respirar se une a una profunda relajación, haciendo adecuada esta postura para la práctica inicial de *prāṇāyāma*.

Siga el método indicado en la Unidad 4 (pág. 79).

Después de unos minutos pase a:

Para progresar

Alargue los costados del tronco cuando se tienda de espaldas.

उज्जायी प्राणायाम *Ujjāyī Prāṇāyāma*

Control Respiratorio de la Conquista

La conquista a la que se refiere el nombre de este ejercicio es la de las enfermedades; los textos de Yoga registran como terapéuticas ciertas prácticas de control respiratorio.

Observe la respiración mientras fluye entrando y saliendo por la nariz, la garganta y los pulmones. Note su calidad (suave o intensa) y ritmo, y si fluye por igual por la izquierda y la derecha.

Gradualmente, suavice y regularice la respiración. Llene y vacíe los dos pulmones por igual. Suelte la tensión física y mental durante las espiraciones. Relaje el abdomen.

Observe cómo se desinfla el abdomen al final de la espiración y como se hincha el pecho al final de la inspiración. Se trata del patrón de la respiración normal.

Siga con la respiración normal durante unos minutos, y luego cambie a respiración profunda. Después de la espiración, mantenga el desinflamiento del abdomen e inspire. Después de la inspiración, mantenga la elevación de la parte superior del pecho y espire.

Siga así durante unos minutos. A continuación tiéndase tranquilamente y respire con normalidad. Con suavidad, abra los ojos, flexione las rodillas y vuélvase de lado, rodando para bajar del almohadón. Mantenga el apoyo de la cabeza. Permanezca así tendido mientras dure la sensación de tranquila introversión. Incorpórese de lado.

Para progresar

No fuerce nada. Mantenga relajados los ojos y la mente concentrada en la respiración. Respire por igual por la derecha y la izquierda. Llene deliberadamente los costados de los pulmones durante la inspiración. Controle la velocidad de la espiración para que la caja torácica no se hunda.

Ayuda

- **Si hacer profundas continuamente la inspiración y la espiración le provoca tensión, haga respiraciones normales entre cada ciclo, para recuperarse. Un ciclo comprende una inspiración y una espiración.**

El óctuple esquema del yoga

CONCEPTO CLAVE

Ayudas del Yoga El esquema de Patañjali de las ayudas del Yoga revela que el control de la mente se inicia a partir de una rutina disciplinada y moral, como parte de la vida mundana. Al mismo tiempo, debe recordarse que, al ser parte de la vida, no es relevante al nivel de la Realidad Suprema. Asimismo, debe hacerse notar que los controles físicos también se consideran parte del control mental. Esto muestra hasta qué punto se hallan estrechamente unidos el cuerpo y la mente. Todas estas ayudas, incluido también el conocimiento que discrimina entre mente y alma, son meros medios que los yoguis desechan cuando alcanzan su meta de la liberación.

Ahora poseemos una idea general sobre la meditación, el tema que más interesa en el Yoga. La meditación, como la concibe Patañjali, **consiste en un esquema progresivo que se inicia con la retirada de los sentidos de sus estímulos, pasa por una etapa intermedia de fijar la mente en algún objeto y termina con meditación sin un objeto que la sostenga. Para nosotros, que estamos acostumbrados al proceso normal de pensamiento, la meditación puede parecernos como si fuera el mismo proceso de pensamiento más intensificado. Por lo tanto, cuando** Patañjali **habla de meditación sin objeto, es posible que nos parezca absurdo. Todo el conocimiento avanzado es probable que suene absurdo si se somete a métodos dictados por el sentido común. A medida que progresamos en él, el absurdo lentamente empieza a cobrar sentido. Veamos ahora los peldaños que conducen progresivamente al practicante hasta la cima de la meditación.**

Ayudas principales

Para la culminación del Yoga —la suspensión de la mente en ausencia de un objeto en que apoyarse— existen ocho ayudas; esto explica la descripción tradicional del Yoga como de ocho miembros o consistente en ocho partes (*Astanga*). A saber: 1) disciplina moral (*yama*), 2) disciplina personal (*niyama*), 3) postura (*āsana*), 4) regulación de la respiración (*prāṇāyāma*), 5) control de los órganos de los sentidos (*pratyāhāra*), 6) fijación de la mente en un determinado objeto (*dhāraṇā*), 7) meditación (*dhyāna*), y 8) meditación profunda o absorción (*samādhi*). Debe hacerse notar que esta última, *samādhi*, es equivalente a Yoga, y se emplea tanto en el sentido de medio como de fin. Cuando la meditación profunda se basa en objetos, es un medio o ayuda; cuando no se apoya en objeto alguno, es el fin perseguido.

Las cinco primeras ayudas se relacionan con la disciplina general y física; las tres últimas forman parte de la disciplina mental.

Ilustración de un yogui que se ha colgado en posición invertida. De la escritura *Śiva Purāṇa* fechada en 1740 d. C.

Las cinco primeras se tratan como externas o distantes, y las tres restantes como internas o próximas. Esta división es clara si entendemos el Yoga en su sentido de absorción de la mente, que se relaciona con el tipo de meditación basada en objetos. En el contexto de la meditación sin objeto, incluso las tres últimas ayudas, al basarse en objetos, se consideran externas. Ya sean internas o externas, estas ayudas principales exigen que el practicante se entregue a ellas con total dedicación. Las dos primeras persiguen la purificación de la mente, el resto son preparatorias de la meditación, a la que se van acercando sucesivamente. Las ocho ayudas y su secuencia son:

1. Restricciones morales o votos (*yamas*): no violencia (*ahimsā*), verdad (*satya*), abstenerse de robar (*asteya*), restricción del impulso sexual (*brahmacarya*) y rechazo de las posesiones (*aparigraha*). La no violencia es la restricción moral básica; el resto de las restricciones y observancias contribuyen a su perfección. La verdad implica la fidelidad de palabra y pensamiento a los hechos; fomenta el bien de todas las criaturas. *Asteya,* en su forma ideal, implica abstenerse incluso de los pensamientos de robo. La abstención mental se aplica también a otras restricciones morales. Limitar las restricciones sólo a su aspecto físico y dejar que la mente corra desbocada es perder su propósito, lo cual es comparable a la situación en la que se llama hipócrita a un hombre que aplica unas normas a ciertas personas y otras normas a otras. Esto debe aclarar que la meta final de las restricciones morales es la purificación de la mente, y que las restricciones físicas no son un fin en sí mismas. Cuando estas restricciones morales se observan inquebrantablemente, se las denomina Grandes Votos. El desarrollo de actitudes morales incluye contrarrestar los

pensamientos de violencia, etc. concentrándose en sus opuestos.

2. Observancias diarias (*niyamas*): pureza de cuerpo y mente (*śauca*), contentamiento (sentirse satisfecho con lo que se tiene; *saṃtoṣa*), resistencia ante las situaciones extremas como el calor y el frío (*tapas*), el estudio de textos filosóficos o la recitación del sonido sagrado Om (*svādhyāya*), y la consagración de todas las acciones a Dios (*īśvara-praṇidhāna*). Patañjali considera a Dios como el maestro y guía supremo. A diferencia de las almas normales, Él no sufre los factores que implican al alma en la vida mundana, es decir, las predisposiciones fundamentales al sufrimiento, a las acciones y sus consecuencias, y al destino. Dios puede compararse al agua destilada, libre de impurezas que provoquen enfermedades. Sería lógico pensar que, para Patañjali, el concepto de Dios como maestro supremo contribuía a su meta principal de limpiar la mente de objetos mundanos. El Yoga es aprendizaje, y un maestro facilita el proceso de aprender.

3. Las posturas sedentes (*āsanas*): el significado básico del término *āsana* es sentado, y por tanto lógicamente se refiere a posturas sedentes. Patañjali lo define como una posición corporal que es estable y cómoda, lo cual excluye el concepto popular de posturas que impliquen el manejo de las extremidades, como desarrolló la escuela *Haṭha* de Yoga. Vyāsa se refiere a once posturas, todas ellas relacionadas con sentarse, lo cual refleja la opinión de Patañjali sobre las posturas. La postura, en el esquema de Patañjali se dice que se perfecciona cuando el practicante deja de hacer esfuerzos especiales para lograrla; el criterio para su perfección es la resistencia de los extremos opuestos, como el calor, el frío, etc.

4. Control de la respiración (*prāṇāyāma*): se define como contener o suspender los movimientos del aire en relación con el cuerpo; es decir, la suspensión de la inspiración y la espiración, lo cual puede hacerse conteniendo el aliento tras la inspiración o tras la espiración. Esta acción puede medirse mediante (a) la distancia a la que llega el aliento expulsado; (b) la duración del período de suspensión; (c) el número de repeticiones. Una cuarta variedad de control respiratorio es la suspensión del aliento en cualquier punto, no necesariamente tras la inspiración o la espiración plenas.

5. Retirada de los sentidos de sus objetos (*pratyāhāra*): el cese del funcionamiento de los sentidos como resultado del de la mente, algo que se compara con los movimientos de las abejas que siguen los de la abeja reina, una analogía tan antigua como las *Upaniṣads*.

6. Fijación de la mente (*dhāraṇā*): la mente se concentra en partes concretas del cuerpo, como el ombligo o el corazón, o en un objeto externo, como, por ejemplo, una deidad.

7. Meditación (*dhyāna*): se define como el flujo de conciencia de un objeto ininterrumpido por la conciencia de cualquier otro objeto, pero acompañado por la conciencia del proceso de meditación.

8. Meditación profunda o absorción (*samadhi*): se la denomina meditación basada en objetos. Se caracteriza por la conciencia del objeto solo sin la conciencia del proceso de meditación. Patañjali designa al conjunto formado por las tres últimas ayudas como visión profunda (*saṃyama*), pues esta tríada se necesita para adquirir los poderes yóguicos.

Ayudas secundarias o preparatorias

La práctica del Yoga es un proceso complejo. A un principiante puede resultarle difícil seguir las ocho ayudas del Yoga. Consciente de este problema, Patañjali prescribe ayudas preliminares que contrarrestan los obstáculos a la meditación y/o preparan el terreno para las ayudas principales. Son:

1. Meditación sobre Dios;
2. Una actitud comprensiva o desapasionada hacia seres de distintas tendencias: simpatía por los felices; compasión por los afligidos; deleite por los piadosos; imparcialidad hacia los malhechores.
3. Control de la respiración.
4. Percepción de aromas, sabores, etc. divinos o sutiles, que se dice experimentan los practicantes de Yoga durante el proceso de meditación.
5. Concentrar la mente en el corazón o en el sentido de la existencia; concentrar la mente en yoguis del pasado.
6. Concentrar la mente en un objeto espiritualmente sublime percibido durante un sueño, o en el apacible estado que se produce al dormir profundamente.
7. Meditar sobre la deidad que uno elija.
8. El trío de observancias diarias (resistencia a los extremos opuestos, estudio de textos sagrados y consagración de las acciones a Dios): las tres primeras observancias (*niyamas*).

Esta lista parece ser una mezcla de las ayudas regulares del Yoga con técnicas prácticas propicias para la concentración de la mente. Todas están pensadas para eliminar las dificultades que el principiante encuentra en la práctica de esta disciplina. Controlando la mente a través de estas ayudas, los yoguis logran comprenderse a sí mismos profundamente y, a la larga, la liberación.

En resumen

El Yoga tiene ocho partes. La moral, las observancias, la postura, el control de la respiración y el control de los sentidos son externas.

Tres se dice que son internas: concentración, meditación y meditación basada en objetos; éstas se conocen como visión profunda.

Las dos primeras sirven para purificar la mente; el resto hacen que se concentre por completo. Dios se incluye en las observancias; se le considera el maestro supremo.

En Yoga, la postura es un complemento de la meditación; se define como estable y cómoda. Para quienes no son capaces de emplear estas ayudas, existen medios más sencillos.

Mediante estas ayudas, que van conteniendo gradualmente la mente, apartándola de su gran cantidad de objetos, el yogui comprende su yo y alcanza después la liberación.

Para una perspectiva más amplia...

Postura y posturas

El concepto de postura (*āsana*) de Patañjali es una posición corporal propicia para la meditación. La define como estable y cómoda. Esto se refiere, evidentemente, a una postura sedente sencilla, refrendada también por el *Bhagavad-Gītā* en el contexto de la meditación, que emplea la misma palabra sánscrita para «estable» que utiliza Patañjali, y añade algunos detalles, como mantener la cabeza, el cuello y el tronco alineados. Vyāsa, el comentador del *Yoga Sūtra,* ofrece, a manera de explicación, una lista de aproximadamente una docena de posturas. Todo ello debe aclarar que postura se consideraba al principio como una posición del cuerpo que contribuía a la meditación.

La tradición del *Haṭha* Yoga, en cambio, considera las posturas como medios para asegurar la salud y vigor del organismo, en consonancia con su objetivo de hacerlo inmortal. De acuerdo con la ley de la exageración, el posible número de posturas se eleva al de especies de vida en el mundo: es decir, 8,4 millones. Sin embargo, por consideraciones prácticas, se reduce a 84, y finalmente, por algunos textos, a dos: la Postura Perfecta o del Experto (*Siddhāsana*) y la Postura del Loto (*Padmāsana*).

La sociedad moderna aprecia el Yoga principalmente en el sentido de posturas y entrenamiento de la respiración como medio de mantener la salud, algo que no es incompatible con los principales temas de que se ocupa el Yoga clásico, el cual afirma que el dominio de la postura aporta resistencia y describe el cuerpo milagroso de un yogui como sobresaliente en belleza de forma, fuerza y dureza diamantina.

Epílogo

El Dr Patañjali, psiquiatra

—¿Qué le trae por aquí? —preguntó el médico.

—La tortura mental, por supuesto —contestó el paciente.

—¿Cómo se llama? —preguntó el doctor, sacando una ficha de paciente.

—Por el momento, puede llamarme Purusha —dijo el paciente—. Debe usted ser consciente de los problemas de sus pacientes.

—De acuerdo. Déme algunos detalles de su problema —respondió el médico.

—Pues verá, doctor, estoy enamorado de una mujer (podemos llamarla Prakriti). Ha dejado de responder a mis tentativas de acercamiento e insiste en que debo ajustarme a sus esquemas. Éste es mi problema.

—Entonces la respuesta más sencilla es que se ajuste usted a los esquemas *de ella* —observó el médico.

—Pero, doctor, soy incapaz de hacerlo debido a las antiguas ataduras profundamente arraigadas en mi mente. —El paciente continuó, después de una pausa—: ¿No cree usted que ella debería comprender mis dificultades y avenirse a un compromiso?

—Eso significa que desea que ella se ajuste a los esquemas *de usted* —comentó el médico—. Así está hecha la mente humana: cada uno posee su propio juego de esquemas en los que deben encajar los demás. Ésta es la raíz de todos los sufrimientos.

—¿Ve usted algún modo de librarse de este sufrimiento?

—Sí: el aislamiento. Corte todos los lazos con Prakriti, externos e internos —recomendó el médico.

—¿Qué quiere decir? La Prakriti que amo es sólo una, la que se halla en el exterior, como dice usted —replicó el perplejo paciente.

—Tiene usted razón, desde el punto de vista de la comprensión normal. Pero estoy especializado en un área en la que el punto de partida es: lo que se considera normal es en realidad anormal —dijo el médico.

—Me confunde —se quejó el paciente.

—Soy lógico, como todos los científicos. Déjeme que me explique. Sus expectativas de que Prakriti deba ajustarse a sus esquemas están arraigadas en el ego de usted. Las expectativas de Prakriti de que usted deba ajustarse a sus esquemas están arraigadas en el ego de ella. En otras palabras, usted tiene *su* propio ego, y ella tiene el *suyo* propio, que están en conflicto entre sí. En ausencia de egos, no hay posibilidad alguna de que surjan esquemas distintos, y los conflictos no pueden producirse.

—¿Cómo puede usted hablar de la ausencia de un ego que nace con nosotros? —preguntó el paciente, más confundido aún.

—De nuevo, trate de entender la lógica. El ego limitado a un impulso de vivir es natural: es la manifestación del amor propio; el ego que va más allá de eso es algo cultivado. El ego de grupo desde luego lo es; incluso ése se halla arraigado en última instancia en el amor propio. Los grupos pueden ser tan reducidos como una familia, o tan grandes como el mundo entero. Entremedias, nos encontramos con el grupo de los seres humanos, de la humanidad. «Ama a tu prójimo», dicen los grandes maestros. Este privilegio se reserva sólo para los seres humanos; no es tan global como para incluir a los animales, que son sacrificados para alimentar a los humanos, lo cual demuestra las limitaciones de todos los llamados valores culturales.

—Esto significa que usted acepta como algo natural el ego individual —replicó el paciente.

—Natural, sí, en la medida en que se nace con él, pero no es real.

—¿Qué quiere decir? Lo que es universal tiene que ser real —afirmó el paciente.

—Ahora va usted al grano: la universalidad no es una prueba de realidad —dijo tranquilamente el médico.

—¿Qué prueba puede usted aducir para sostener la tesis que defiende? —preguntó el paciente.

—La prueba reside en aquel de los estados de usted que se halle libre de influencias mundanas. El único estado así es el sueño profundo, en el cual uno no es consciente de nada salvo de su propia existencia. En este estado, uno no tiene nacionalidad, ni religión, ni casta, ni partido, ni distinción de sexo, ni amor, ni odio, ni placer, ni dolor, ni siquiera conciencia de su propio cuerpo o de su propia mente, y mucho menos del elemento de ego, lo que indica que la identificación del alma con el ego está arraigada en el error, o mejor dicho, en un gigantesco error garrafal. Lo llamamos ignorancia: ignorancia de la naturaleza pura de nuestro propio yo. En el sueño profundo, despojado de ego pero no de ignorancia, uno experimenta un gozo indescriptible. Es absoluto, y no relativo en ninguna medida como son todos los placeres y dolores mundanos. Uno se alteraría, incluso enloquecería, si no pudiera dormir. El filósofo considera que la experiencia del sueño profundo es una visión fugaz de la meta más elevada de la existencia humana.

—Esto, nuevamente, significa que la meta más elevada de la filosofía es también tan natural como el ego. Todo el mundo nace con una capacidad inherente de tener esta experiencia —arguyó el paciente—. En otras palabras, la experiencia del placer y el dolor, así como liberarse de ella, forman parte de la vida.

—Cierto; el único problema es que esta liberación es temporal mientras forme parte de la vida. La repetición de vinculación y liberación significa, a fin de cuentas, sufrimiento. El filósofo sueña con que la liberación sea permanente —continuó el médico.

—¿Cómo puede tenerse un sueño tan irreal cuando toda vida es impermanente? Desde un punto de vista práctico, todo termina con la muerte —objetó el paciente—. Todo lo que se dice de vida después de la muerte en el cielo o en el infierno es cuestión de creencia: una zanahoria con la que tirar del hombre normal.

—Mi teoría no se ve afectada en lo más mínimo si se demuestra que el cielo o el infierno son producto de la imaginación. Conseguiría lo que pretendo si acepta usted el renacimiento de una criatura en el mundo del que somos conscientes. Estoy hablando de la puesta en libertad o liberación de esta *vida* misma. La vida, que básicamente significa respiración, es lo que aprisiona al alma en el complejo, material o sutil, de cuerpo-mente; y sus acciones en una vida conforman su siguiente vida. Este ciclo de nacimiento y muerte se continúa hasta que el alma alcanza la liberación —explicó el médico.

—Esta teoría del ciclo de nacimientos y muertes ¿no es cuestión de creencia? —preguntó el paciente.

—Es una hipótesis, no una creencia. Las hipótesis se ofrecen para explicar un aspecto de la experiencia universal verdadera, y por tanto forman parte del pensamiento racional. La explicación del científico sobre el origen y expansión del universo ¿no es una hipótesis? Cuando se aceptan tales explicaciones, no hay razón alguna para desaprobar la hipótesis de un filósofo.

—Tiene sentido —aceptó el paciente, todavía insatisfecho—. Continúe, por favor.

—La relación de causa y efecto entre las acciones del alma y su renacimiento es, por un lado, una secuencia de la ley universal de causa y efecto, y por otra, está concebida para explicar la innata desigualdad de las criaturas en los niveles o en el orden de la vida, así como las capas superiores e inferiores del mismo orden, etc.

—¿Y qué tiene todo esto que ver con mi problema? —preguntó el paciente impacientemente.

—Tranquilo. No me he olvidado de su problema; es sólo que, en vez de darle para él una solución temporal (me refiero a pastillas), estoy intentando mostrarle el camino de una solución permanente. ¿Le gustaría que recapitulase el terreno que hemos cubierto?

—Por favor —dijo el paciente, aliviado.

El médico resumió:

—Hemos visto que:

a) La causa de todos los sufrimientos que impliquen placer y dolor es el ego, nacido con el cuerpo y la mente.

b) Este ego, como identidad nuestra, está arraigado en la ignorancia que tenemos de nuestro yo: la raíz de todo sufrimiento.

c) Los vínculos intermedios (entre ignorancia y sufrimiento) son el ego, el apego y el odio, las buenas y malas acciones, y la cadena de renacimientos y fallecimientos.

d) Para poner fin a esta cadena, hay que arrancar la raíz.

e) Desarraigada la ignorancia (la raíz), el alma alcanza un estado libre de todo sufrimiento, que es equivalente al restablecimiento del alma a su propia naturaleza como se experimenta en el sueño profundo.

¿Me he explicado con claridad?

—Sin lugar a dudas —dijo el paciente.

—Con eso basta por hoy.

Y el doctor le dio hora para la siguiente cita.

Índice de posturas